月**5**万円の壁を越える

メルカリ中国輸入転売

のはじめかた

瀬戸山エリカ
Erika Setoyama

ぱる出版

はじめに

「リサーチは、嫌いです」

　副業でメルカリ中国輸入転売をするようになって、最初の頃に感じた苦手意識は、しばらく変わることはありませんでした。

『自分で利益の出る商品を見つけ、それを自分でも仕入れて売る』

　言葉にしてみればとても簡単なことなのに、そのリサーチが全然できませんでした。そもそも看護師しかしてこなかった私にとってリサーチという言葉自体が初耳。なんとかなるだろうと思って飛び込んだ物販ビジネスの世界でしたが、なんともならず、リサーチで大苦戦しました。

　リサーチができないとどうなるかというと、売れる商品を感覚で仕入れるしかなくなります。その結果、商品が売れずに在庫で残ってしまうのです。在庫は赤字覚悟で安く売るか、次のシーズンまで持ち越すしかありません。

　リサーチが苦手だった私は、物販に対して「難しいな」「もう無理だ」と何度もやめようと考えたものです。

　だから、

「売れる商品がわかりません」
「物販は難しいからやりたくない」
「仕入れてみたけど在庫が残ってしまった」
「リサーチが苦手です」
「リサーチが難しいです」
「どうやったら売れる商品が見つけられますか」

　そんなご相談を受けるたびに、昔の自分を見ているように感じ、胸が痛くなりました。

　当時は成功者に教わることでなんとか月20万円ほどの利益を出せるようになり、その後リサーチが得意な人と協力することによってリサーチが不要の独自の仕入れ方法を確立しました。現在は中国輸入転売ノウハウの他にも、その特殊な仕入れ方法を柱として物販スクールを主宰するまでに至ります。

　そして、生徒数が2000名を超える頃、中国輸入転売で実績を出している生徒さんたちとリサーチ不要のノウハウで実績を出している生徒さんたちの違いはなんだろうとインタビューを繰り返した結果、あることがわかったのです。

　それは中国輸入転売で月20万円以上を稼ぐ実績者たちは「**数字を基にリサーチをしている**」ということでした。

　「数字」と聞くと、耳をふさぎたくなる方もいるかもしれません。私が教えている生徒さんの中にも「数字が苦手です」という方は

とても多いです。

　ですが、考えてみて欲しいのです。

　世の中のことはほとんどといっていいくらい数字で成り立っています。時計の表示、距離、身長・体重、血液検査のデータ、お金などなど。
　本書をこうして手に取ってくださったあなたも、仕事で何かの「数字」を扱ってはいないでしょうか？　データ入力でも、接客数でも販売個数でもなんでも構いません。
　そう、私たちの生活は「数字」によって成立しているのです。

　なのに、「リサーチしましょう」と言われると、商品自体に注目してしまったり、販売価格だけで仕入れを判断してしまったりします。

　目標とする「数字」がわかることで、実はリサーチという一見難しそうな難題もただの公式になってしまうことが、インタビューの結果わかりました。

　本書ではリサーチ方法や目標数値の設定の際に、「数字」を根拠にして、どのような商品を仕入れるか、目標とした収益を上げられているか、過剰な在庫を抱えていないか、などを確認していきます。感覚でやらずに数字を根拠にしているので確実なのです。

　「数字」のいいところは、自分が何をするべきかがはっきりわか

るところです。

「あとちょっとで着く」よりも「あと5分で着く」の方が、待ち時間も有効に使えます。「なぜかわからないけどできない」よりも「この数字が足りないからできない」と考える道筋ができれば、原因が明確で改善も早いでしょう。

「数字」といっても足し算や引き算、掛け算や割り算で計算できるものです。決して難しいものではありませんし、「数字」を使いこなせるようになれば、自分の収入も時間も増えるというご褒美まであります。

　目標とする正しい「数字」とコツさえわかれば、中国輸入転売で単月利益5万円を達成することは難しいことではありません。単月利益5万円が達成できれば、目標数字を倍にしていき、作業を委託することで、**「お金」と「時間」を増やしていくことも可能**になります。本書では、リサーチだけではなく、さらに利益を拡大化させる方法も解説していきます。

　本書は、6年前、リサーチに苦労していた自分でも一からメルカリ中国輸入転売に取り組んで利益が出せるように執筆しました。この本を読み進めながら中国輸入転売に取り組んでいただければ、読み終える頃には中国輸入転売で稼ぐための基本は身についているはずです。

　リサーチは物販ビジネスの9割といってもいいと私は考えています。それくらいリサーチは重要であり、かつ楽しいものです。物販ビジネスで培ったリサーチスキルは、他のビジネスにも応用

することができます。私を始め、本書に掲載している2名の実績者も、載せきれなかった他の実績者の方たちも、中国輸入転売を始めてから大きく人生が好転しています。

　本書を手に取ることでリサーチに悩む人が一人でも減り、中国輸入転売の魅力をもっと多くの方に知ってもらいたいと心から思っています。

　ぜひ本書を使って、リサーチへの苦手意識をなくしていきましょう。

瀬戸山エリカ

失敗しない 輸入代行業者の選び方

第3章

第4章 売上を加速させる販売方法

第5章 まずは「1ヶ月5万円」を目指す

第6章 「5万円の壁」を越える5つのノウハウ

不用品販売の
ウラにある
メルカリのリアル

(1-1) 一般的な転売とは？

　皆さんは「転売」と聞くとどのようなイメージをお持ちでしょうか？　恐らく「買い占め」「高額チケット転売」などマイナスイメージを持っている方が多いのではないかと思います。広辞苑によると「転売は買い取ったものをさらに他に売り渡すこと」と書かれています。そして、転売する人のことを一部の方が「転売ヤー」と呼ぶのです。

「転売ヤー」が非難されるのは、皆が欲しいと思っている商品を大量に買い占めて、買いたい人が買えなくなる状況が起こってしまうからです。

　例えば、2022年5月には「ナイキ エアジョーダン1」の大量買い占め事件が起きました。

　こちらは「転売ヤー」が自動ソフトウェアを使って買い占めたことが大きな話題になりました。他にも、人気歌手チケットの高額転売はたびたび問題になっています。転売という言葉のイメージが悪い最大の要因は、**"欲しい人の元に適正な価格で商品が届かないから"**なのです。例えば、仮面ライダーの変身ベルトを転売ヤーが買い占めて市場価格よりも高く売るなどもそうでしょう。欲しい商品が高額で買えなくなる、商品がなくなって手に入れられなくなるという問題のある状態が、転売という言葉が悪く言われる理由なのです。

▶この本で扱う「転売」とは？

　この本で私が皆さんにおすすめしたい転売は前述した「転売ヤー」が行っている転売ではありません。**私がおすすめするのは、安く仕入れた商品を、市場の価格に合わせて販売する転売です。**実際私も、副業でメルカリ転売を始めたときは、中国から発送されるAmazonの商品を仕入れて、メルカリで販売していました。

　皆さんにはまず、違法ではない正しい転売を知っていただき、それが副業でも在宅ワークでも、事業になり得るということを知ってもらいたいと思います。

1-2 メルカリ転売がなぜいいのか？

▶初心者向きの単純なビジネスモデル

　事業というと難しく感じるかもしれませんが、転売はあらゆる事業の中でも**『安く仕入れて高く売る』という単純なビジネスモデル**に分類できます。

　あらゆるビジネスは「集客」と「営業」と「商品」という３つの要素で構成されています。

　人を集められなければ、商品は売れませんし、営業で商品の良さが伝わらなければ、商品を買おうという人もいません。また安くていいものでなければ商品は売れません。この３つの要素を高めていくことがビジネスで成功する秘訣なのです。ですが、一般的なビジネスでこの３つを何の実績もない状態で高めるのは難しいものです。ところが、メルカリ転売なら商品のことだけ考えれば大丈夫。「集客」と「営業」は、毎月2000万人もの利用者がいるメルカリを活用すれば簡単です。何を、どこで、いくらで、販売するか、それさえ間違えなければ初心者でも取り組みやすいのが転売の最大のメリットなのです。

▶利益が出る速さはダントツ

　転売は仕入れた商品と販売した商品の差額が利益になるビジネスです。商品を一から作る場合は、商品に需要があるのかという

リサーチ、商品を開発するための知識、商品を作るための製造コスト、商品を販売するための販売力やネットワーク、他社と差別化できる商品のブランド力などたくさんの条件が必要になります。でもメルカリを使えば、需要がある商品を販売するだけですのでとにかく簡単です。

　それに、転売は仕入れて売れたらすぐ利益が発生します。普通の事業では働いた結果が現金として手元に来るのは通常翌月ですよね。長い場合は３ヶ月や半年以上かかる場合もあります。しかも、商品を購入するためのお金や家賃、光熱費など毎月かかるお金もあります。

　そうすると、そのお金のやりくりをするのがとても大変になってしまうのです。ところが**転売は商品を売れば即現金が入ります。お金のやりくりも楽で初心者でもすぐに始められます。**

1-3 なぜ「中国輸入」なのか？

▶安定した仕入れ先として最適

「転売が簡単で始めやすいのはわかったけど、なぜ中国輸入なの？」と疑問を持っている人もいるかもしれません。

　転売で収入を安定させるには、安定した仕入先が必要です。その安定した仕入先として中国が非常に有望なのです。中国製の製品と聞くと、あなたはどんなイメージをお持ちでしょうか？　中国製品といえば「安い」というイメージをお持ちの方も多いのではないでしょうか？　そして同時に「粗悪品」「偽物」「壊れやすい」といった悪いイメージも持っている人が多いかもしれません。しかし、それはイメージにしか過ぎないのです。

　中国は 1990 年に工業生産が増えて、工業製品の輸出が大きく増えました。国連貿易開発会議（UNCTAD）の調べでは 2021 年で全世界の製品の 15％は中国製品であることが分かっています。新型コロナウイルス流行の影響で中国製品のシェアは更に増えたのです。また日本と中国は貿易で密接な関係があります。外務省の調べでは、2022 年の中国の輸入相手国で日本の割合は 31.5％でトップです。今や日本人が Amazon で購入する約 7 割は中国製品となっています。

【日本の貿易相手国 2021 年】
輸出

１位：中国／ 197,800 億円 (21.6%)

２位：アメリカ／ 148,300 億円 (17.8%)

３位：台湾／ 599,000 億円 (6.9%)

輸入

１位：中国／ 203,800 億円 (24.0%)

２位：アメリカ／ 89,000 億円 (10.5%)

３位：オーストラリア／ 57,300 億円 (6.8%)

（出典：財務省）

▶外国向けの商品は品質が高い

　中国にはたくさんの工場が存在していますが、外国向けの工場は最先端の品質管理が行われており、中国の輸出の主要製品は高品質で安価な商品として知られています。例えば、日本の店舗で売られているユニクロの服やパナソニックの家電も品質が低いと思った人は少ないのではないでしょうか？　ちなみに、パナソニックは低価格帯のテレビ生産をすべて中国に委託しています。

　一方で中国製品に対して安くて粗悪なイメージができてしまうのは、国内向け製品の影響も大きいでしょう。なぜなら、中国人は製品の品質にあまり重きを置かないため、どうしても市場に安くて低品質の製品が出回ってしまうのです。しかし、輸出向けの製品は安くて高品質なものが多いのが実際となっています。

（1-4）中国輸入転売の実例

▶実は安くて良いものが豊富

　中国を仕入れ先とするメリットは安定して安価な製品を仕入れられるだけではありません。**中国の工場は世界の工場といわれるだけあって、新製品がリリースされる数は日本の比ではありません。常に目新しい商品があるからこそ、着実に売上を上げられるチャンスも多いのです。**こう話しても実感がわかないという人もいるかもしれませんね。

　実際に中国輸入転売で実績を上げている人の事例を紹介しましょう。中国輸入転売歴半年のAさんは、1個の仕入価格28円のリングゲージに10倍の価格をつけて販売したところ、150個の売上を上げることができました。これで1ヶ月4万2,000円の売上です。

　中国輸入製品は原価が非常に安価であるだけではなく、商品力も高いので着実に売れるのです。

例えば、

シルバーのピアスは原価58円でしたが、それを定価300円で販売することができました。

両耳用 フープピアス CZダイヤ お花 アレルギー
対応 シルバー フラワー

¥300 送料込み

日除け傘は原価 390 円のもの
が 1,149 円、

65×125　M　サンシェード 日除け 車用 傘式 折
りたたみ　ケース付

¥ 1,149　送料込み

赤ちゃん用のベビーハイソック
スが原価 75 円で仕入れて、499
円で完売しています。

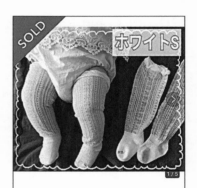

ホワイト　S　コットンベビー ハイソックス 赤
ちゃん 靴下 女の子 レース

¥ 499　送料込み

タトゥーシールは 1 枚 15 円で仕入れて 300 円で売れていますし、

大人気！　タトゥーシール　ニコちゃん　ジードラゴン　韓国　タトゥー　簡単　雷

¥300 送料込み

　子供用の浮き輪は原価 292 円で仕入れて 990 円で売れてしまいました。

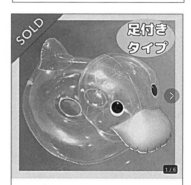

足付れタイプ　子供　浮き輪　アヒル　クリアキッズ プール　人気　海　夏　映え

¥990 送料込み

　女性用のインナーは 2 枚で原価 150 円ですが、1,000 円の価格で売れています。

2枚セット　白黒 フリーサイズ　ブラ紐隠しインナー　タンクトップ レディース
サイズ：FREE SIZE

¥1,000 送料込み

1-5 中国輸入転売の メリットとデメリット

▶中国輸入転売のメリット

　ここまで中国輸入転売のメリットを中心に紹介してきました。もう一度、メリットをまとめておきましょう。**最大のメリットは原価が安いことと、すでにメルカリで売れた実績のある商品を仕入れることができるということでしょう**。また、工場から商品を仕入れることになるので安定的に商品を仕入れることができます。

【中国輸入転売のメリット】
①すぐ商品が売れる
　中国輸入商品は原価が安い商品が多いため、安い商品が好まれるメルカリでは特に商品が売れやすくなります。また、リサーチして需要がある商品であれば即売れすることも多くなります。

②売れる商品を探しやすい
　フリマアプリでは売り切れ検索をすることで、過去に販売した商品を確認することができます。特にメルカリは購入日、閲覧数を見ることができるため、検索されていて需要のある商品を探しやすいのです。

③利益率が高い
　国内の新品のせどり販売だと10％から15％ぐらいの利益をのせるのが限界ですが、中国輸入転売の場合、原価が安いので35％から40％ぐらいの利益をのせることができます。

④継続して取り組める

　常に商品を探し続けなければならない、せどりと異なり、中国工場から仕入れができるので供給の心配をすることがありません。

⑤小資金で始められる

　商品によって原価は変わりますが、非常に安価なので、仕入れに必要なコストを抑えられます。このため小資金ですぐに始めることができます。

⑥自動化しやすい

　中国輸入転売では、輸入代行会社を活用することが前提になりますが、代行会社を活用することで、商品選定から仕入れ、自宅への配送まで一括して委託することも可能です。自分はただ売れる商品を選ぶことに集中すれば良いので作業を人に頼みやすく、自動化がしやすいのです。

▶中国輸入転売のデメリット

　中国輸入転売のデメリットは、一言でいえば「外国からの輸入である」ということでしょう。文化や価値観の違う相手と仕事をすることで、ズレを感じる場面が少なからずあります。例えば、発注後は商品が船や航空便で運ばれて来るので、国内で注文した商品が届くよりも多少時間がかかります。また、写真だけで商品を選ぶので、実際に商品を見たら細部がイメージしていたものと異なっていたということもあります。他にも中国では旧暦の正月で祝う文化があるため、日本の休日とは時期が変わり、商品の発注をできない期間があります。しかし、こうした文化や価値観のズレはコミュニケーションを密に取ることで避けることができま

す。また、本書でも具体的にデメリットを解消するポイントをお
伝えしますので、本書を読んでおけば問題ありません。

⬤ 1-6 「5万円の壁」が
越えられない理由

▶「5万円の壁」とは？

　メルカリ転売を行っている人が最初に直面する壁が「5万円の壁」です。なぜ「5万円」が超えられないのでしょうか？　ちょっと計算してみましょう。月に5万円を稼ぐためには単純に1日1,666円の利益を出す必要があります。1つの商品の利益を700円とすると1日に平均2～3個販売する必要があるのはわかります。一見すると簡単そうと思うのですが、実は継続して1日に2～3個売れる商品のラインナップがなかなか見つからないのです。

　つまり、逆を言えば**中国輸入転売で1日に2～3個売れる商品を見つけることができれば、「5万円の壁」はすぐに越えられます。**より安定的に収入を増やしたいのであれば、月に5～6個売れる商品を10～15商品ラインナップしておきましょう。1個の商品を見つけるのではなくて、継続的に販売できる商品の品揃えを持つ。そして、それを継続的に入れ替えていくのが中国輸入転売で月に5万円以上を稼ぐ秘訣です。

▶継続して商品の入れ替えも行う

　継続的に売れる商品を見つけたら、それを入れ替えるタイミングも注意が必要です。なぜならば、ライバルの存在があるからで

す。あなたと同じように転売をしている人が売れている商品を真似してきます。そうすると、価格競争が始まって利益が減ってしまいます。利益が取れなくなったタイミングで、商品を入れ替えて利益を維持することも売上を安定させるために行っていきましょう。

　また、売上を伸ばすためには商品の値下げをしたり、関連のある商品を組み合わせてセット販売をしたりして、販売促進（販促）を行う必要もあります。販促は誰でもできますが、ちょっとしたコツが必要です。多くの人は、その方法を模索して、ネットで調べたり、YouTube で学んだりしていますが、商品仕入れから販促まで一貫したやり方を学ばないと、思ったように収益を上げることは難しいでしょう。そこで本書ではその王道を紹介します。

（1-7） 月5万円を達成する ロードマップ

▶必要な出品数を予測しよう

　では、具体的に毎月5万円をどうやって達成すればいいのでしょうか？

　それには目標とする利益からの逆算が必要になります。出すべき数字は1日に稼ぐ金額ではありません。中国輸入において重要なのは**出品数**です。1日に何商品売れるかどうかは実際に販売してみないとわかりませんが、出品数であれば自分で調整することが可能です。

　例えば、月に5万円の利益を目指すのであれば、1商品の利益単価700円のものをリサーチして、成約率50％（例えば10個出品して5個売れたら成約率50％となります）、利益率40％で、約10万円分の商品数を仕入れられれば達成可能と予測することができます。

　もちろん、実際に販売できるかどうか、利益が想定通りにいくかどうかは販売してみないとわかりません。ですが、仮説を立てて実行するからこそ、目標の金額を達成できるのです。闇雲に出品していては何が良かったのか、悪かったのか判断することができません。

　仮説を立てて、転売を行っていくことで問題を改善し、収益向上に結びつけることができるのです。

▶実際に利益から逆算してみましょう

　では、毎月5万円を達成するために必要な仕入れ個数と仕入れ金額を計算してみましょう。初心者の方はまず、最低利益を700円、利益率40％で設定します。

　最初に①**売上個数**を計算すると、

　5万円÷700円＝約71.4個になります。つまり毎月72個以上の売上が達成されれば、目標金額の5万円を達成することができます。

　次に②**商品原価**を割り出します。

　定価販売価格の40％が700円（定価×40％＝700円）ということは、

　700円÷0.4で販売価格は1,750円になります。

　1個あたりの販売価格が1,750円と設定すると、商品原価は販売価格から、メルカリの手数料（10％）と送料、利益を引いて665円と求めることができます。月5万円を達成するための商品の金額の内訳は次のようになります。

販売価格1,750円の内訳	
商品原価	665円
商品利益	700円
メルカリ便送料（最低送料）	210円
手数料（10％）	175円
販売価格	1,750円

次に③**成約率**を計算します。メルカリで出品したものが想定した金額で100％売れるとは限りません。売上を管理するために、出品したものがいくつ売れたのかを成約率で表し、目標の成約率を計算しましょう。本書の方法で行えば、成約率50％を実現することは難しくありません。

　最後に④**仕入個数と金額**を計算します。仮に成約率50％だとすると、5万円の売上を上げるためには72個売らなければいけないので、その倍の144個を仕入れる必要があります。そのため仕入れ金額は、1個あたりの原価665円×144個＝9万5,760円（国際送料、関税も含む）となります。

　この金額で1つの商品だけを仕入れたとしても、市場の動向が変化した場合、予想の売れ行きと変わることがあるので、数種類の商品ラインナップを作ります。何個のラインナップにすればいいのかは、後ほど紹介しますが、この金額だと15種類ぐらいの商品を取り揃えれば良いでしょう。これらの商品を見つけるために第2章のリサーチ力を活用します。

1-8 中国輸入転売で持つべき基準

▶中国輸入転売でしてはいけないこと

「どうしたら稼げるようになりますか？」

「商品が売れません！」

　中国輸入転売で、このようなご相談を数多く受けてきました。多くの方が稼ごう、売ろうとするあまりに見えていないことがあります。それは転売ビジネスにおいて「してはいけないこと」を行っているということです。中国輸入転売は正直、ビジネスモデルは単純で難しくありません。転売の基本は「安く仕入れて高く売る」です。その仕入れ先が中国にあって、自分で仕入れる商品を選ぶだけなのです。

　ですが、この過程で「してはいけないこと」を行う方があまりにも多いと感じられます。この「してはいけないこと」は何かというと、**根拠のない仕入れ**をすることです。つまり、**「これは売れるのではないか？」「これ、かわいいし売れそう！」**などと自分の思い込みで商品を仕入れてしまっている人が多いのです。

　「仮説」を立てて「数字」で評価をしなければ、改善するべき点はわかりません。多くの方がこの過程を経ないで進んでしまっています。

▶転売はすべて「数字」で管理できる

　転売はすべてのことを数字で表すことができます。仕入れる商品を選ぶ基準、仕入れる数、利益単価、販売数、利益率、成約率などです。基準となる数字さえ知っていれば、そこに当てはめて考えるだけで、この商品を仕入れたときに起こり得る事態も想定することができます。そうすれば失敗しても数字に当てはめて考えることができますので、問題が起きたときの原因もわかりやすく、原因を改善した後に再挑戦もしやすいのです。

　しかし、多くの人はこれがなかなかできません。どうしてできないかというと、その数字を知る方法がないからです。情報があふれている現代では、中国輸入で売れる商品やリサーチ方法などを調べれば、さまざまな情報やノウハウ、やり方などが出てきます。しかし、大半はそのどれが正解かわからない情報ばかりです。ですが、こういった基準の数字は実際に中国輸入に取り組んでいる人しかわかりません。

　しかもその数字は常に変わっていきます。本来であれば、今まさに中国輸入転売を実践している人から教わるのが一番生の情報を得られるので良いでしょう。ですが、本書ではそれが難しい方のために一般的な指標となる数字を示していきます。ぜひ参考にしてください。

（1-9） 稼ぐ人と稼げない人の差は「リサーチ力」

▶転売の9割はリサーチ力

　冒頭でも紹介しましたが、中国輸入転売で稼げるかどうかは、その人の商品リサーチ力にあります。リサーチは主に中国の通販サイトで行いますが、**仕入れた商品が売れるのか、そして、その商品から確実に利益を取れるかどうかの9割は「リサーチ力」で決まるといっても過言ではないでしょう。「リサーチ力」とは、「売れる商品」を見つける力**です。

「ある商品が売れた」ということは、その商品には需要があるということです。その商品が販売されている市場（各中国サイトはもちろん、メルカリや Amazon など）、同じような商品の売れ行き、商品の詳細情報や価格を知る必要があります。

「この商品なんか好き」「なんとなく売れそうな気がした」というだけでは売れるかどうかはわかりません。自分の主観的な感覚や好み、直感で仕入れてしまうと、客観的な数字に基づいた判断ではなくなりますから、商品を配送料金や代行手数料をかけて仕入れると失敗するリスクが高まってしまうのです。

　稼げない人はリサーチ力が不足しています。この状態で商品を仕入れるので、在庫がいつの間にか余ってきて、続けることができなくなります。

　しかし、稼げる人はリサーチ力があるので、一度の仕入れで確

実に利益を上げることができます。着実に売上を上げて、成功しているのです。だからこそ、「リサーチ力」をつけることは中国輸入で稼ぐための必要不可欠なスキルであり、この力次第で稼げるかどうかが決まります。実際にどのようなリサーチをしていくかは後ほどお話ししますね。

▶「リサーチ、テスト、販売」を繰り返すだけ

　ここまで読んでみて、「なんだか難しそうだ、やっぱり自分にはできない」。そう思って本を閉じようとしてしまっているあなたは、ちょっと待ってください。メルカリを使った物販事業、特に中国輸入転売は他の稼ぎ方に比べるととってもシンプルです。やるべきことは「リサーチと販売」を繰り返すだけ。具体的には以下のような5つのことを繰り返すだけなのです。

①メルカリでリサーチ
②仕入れサイトで確認
③テスト仕入れ
④売れたら本発注
⑤メルカリで販売

　精度を上げるために、テスト仕入れとテスト販売を入れていますが、単純に「リサーチとテストと販売」の繰り返しで成り立っていますよね。やることは初心者の方でも長く中国輸入転売を経験している方でも一緒です。つまり、やり方さえわかれば初心者だったとしても、すぐに経験者の方に追いつき、追い越すことは

可能ということです。これがメルカリ物販、そして中国輸入転売なのです。これって、すごいことだと思いませんか？

1-10 中国輸入転売の隠れた魅力

　中国輸入転売の魅力は初心者がプロと同じぐらい稼げるだけではありません。中国輸入転売では、世の中の需要や季節に合わせて商品を選定する必要はありますが、オリジナルの視点で見つけた商品を開拓しやすいのです。これも毎日、大量の新製品が中国の物販マーケットに生まれているからこそできる魅力なのです。

　アパレルショップなどの専門店にはバイヤーと呼ばれる職種があります。商品の買い付けや商品管理を専門に行うのが仕事です。彼らは世の中の需要を的確に読み取り、流行を先取りし、売れる商品をショップに提供しています。これと同じように自分で仕入先を開拓し、輸入して転売している点ではバイヤーと何ら変わりがありません。売れている流行を取り入れることはもちろん、読みが当たれば流行を引き起こすことも可能です。

　企業のバイヤーはその企業のために働きますが、自分のショップは自分だけのもの。そう考えると、重い責任感や重圧などなく、自分のためだけに取り組むこともできます。

　自分が開拓した商品がもし売れたら、人にすすめられて販売する商品よりも、大きな達成感、やりがいを感じることができるでしょう。これこそが中国輸入転売の醍醐味でもあります。

　このように自分だけのショップを持つことも中国輸入転売であれば、可能なのです。

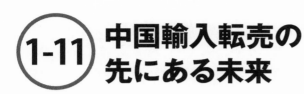

1-11 中国輸入転売の先にある未来

▶自分がやらなくても収入になる仕組みを作る

　ここまで読んできて、「中国輸入面白そう!　自分にもできそう!」と思えたあなたには、次のような疑問があるかもしれません。「中国輸入転売で稼げるようになっても、仕入れから販売や発送まで、すべて自分が動かなければ稼げないのだったら大変かもしれない」

「自分一人では稼げる金額もたかが知れているのでは?」

　実はそんなことはありません。すべて自分がやり続けなければ稼げないというわけではないのです。そこで、中国輸入で稼げるようになった後のお話を伝えましょう。

　中国輸入転売のメリットは、「作業を自動化する」ことができるということです。「作業の自動化」って何?　と思うかもしれませんね。自動化とはオートメーション、つまり自分が何もしなくても自動で売れていく仕組みを作ることができるのです。中国輸入転売は商品のリサーチ以外にも「出品、販促、梱包、発送」という作業があります。しかし、それぞれの作業は自分自身がやらなくても良いのです。自分がやらなくてもお金を払って、他人に委託すればいいだけの話です。

　私は YouTube チャンネルを運営していますが、動画には私自身が出演する必要があり、これは他の人にはできません。もちろん、実際には自分では出演しない方法もありますが、自分が出演

第1章

不用品販売のウラにあるメルカリのリアル

するかどうかは、自分のビジネスの品質を高めるためにも必要なこと。だから出演をしています。

　しかし、物販にはそのような制約はありません。自分がやらなくてもいい作業がほとんどですので作業の自動化が可能なのです。

　実際、私の物販スクールの生徒さんの中には、**作業をすべて委託して自動化し、自分がいなくても売上を上げて、梱包や発送も問題なく行っている人もたくさんいます**。こうなると、自分が旅行に行っていようが、体調不良で仕事に関われなくても利益の上がる仕組みができるのです。

▶仕組み化で可能になること

　こう言うと人に頼むのは大変、面倒くさいから自分でやった方がいい、そう思う人もいるかもしれませんね。私も自分でした方が早いからと人に依頼するのが苦手なタイプでしたから、その気持ちはよくわかります。

　ですが、いざ自分が体調悪くなって入院することになったら？　家族の看病や都合で作業ができなくなったら？　そんな時は、いつくるかわかりません。

　私はもともと看護師として働いていたのですが、**急に病気が発覚する人を数多く見てきました。その中で、自分でも他人でも体調管理を万全にできる人はいないと考えるようになりました。**そう考えるようになったからこそ「健康で問題ない」と思っている人に自分が動けなくなっても稼げる仕組みを作って欲しいと切に願っています。

　また、体調不良だけではありません。今は人生 100 年時代と

言われていますから、健康であればやりたいことはたくさんできます。私も海外旅行をしたり、新しいことを学んだり、子供たちと過ごす時間を増やしたりとやりたいことがたくさんあります。しかし、そのためには当然、時間とお金が必要です。中国輸入転売を自動で進めることができる仕組み化はそんな時間とお金が必要なあなたにはうってつけの方法なのです。

　ここまでで、中国輸入転売の魅力を十分理解できたと思いますので、第2章から具体的な商品のリサーチ方法を紹介していきましょう。

リサーチ
徹底解説

2-1 良い商品って何??

　第2章では転売の成否の9割を占めるとされるリサーチについて紹介していきます。

　その前に、皆さんは「利益の出る良い商品を売りたい」と思っていることでしょう。でも、ここで少し質問をさせてください。「良い商品」とは一体何を指すのでしょうか？

　「人気のある商品」でしょうか？　それとも、「高額な商品」でしょうか？　「ブランド力が高い商品」でしょうか？　実を言うとそれらすべては「良い商品」とは言えません。

　私の考える中国輸入における良い商品とは「ノーブランドでもユーザーが買いたいもの」です。中国輸入転売は、中国製の商品を必要な方に届けるものです。それは安くても納得できる商品である必要があります。

　例えば、中国産のニンニクは3個入りだと100円前後で購入できます。一方で国産のニンニクはたった1個で300円以上します。それでも国産にこだわる方は高くても購入しますし、安い方がよければ中国産の方を購入するでしょう。どんな物販でもこれと同じことが言えます。特にメルカリは安い商品ほど売れる傾向があり、仕入れ値が安く済む中国製品と相性がいいのです。

▶ノーブランド商品を扱うメリット

　中国輸入転売をするときに気をつける必要があるのが、偽物を

仕入れてしまうことです。

　もちろん、有名ブランドの偽物は転売できませんし、扱うこと自体犯罪になってしまいます。しかし、ノーブランドの商品であれば、そもそも偽物を仕入れてしまう心配はいりません。第1章で紹介したようなシルバー製のピアスや折り畳み傘、ベビー下着などは初心者でも扱いやすく、ノーブランドでも安ければ一定の需要があります。

　商品の種類もたくさんありますから、ぜひ自分だけの「良い商品」を見つけてみてください。

（2-2）商品リサーチの全体像

▶リサーチでやるべき、たった2つのこと

　ノーブランドで売れている商品をリサーチするには、どうすれ
ばいいのでしょうか？　実はとても簡単で、作業は大きく分けて
次の2つだけです。

①メルカリで売れているものを探す
②中国の通販サイトで確認する

　リサーチというと難しく感じるかもしれませんが、実はたった
2つだけなのです。では、①から説明しましょう。**メルカリで売
れているものを探すには「セラーリサーチ（出品者から探す）」
「ソールドリサーチ（売れた商品から探す）」「トレンドリサーチ（流
行から探す）」の3つの方法があります。**

セラーリサーチ

　メルカリで複数の中国輸入商品を出品している人を**セラー**と呼
びます。そのセラーが扱っている商品から売れている商品を見つ
けていく方法がセラーリサーチです。セラーリサーチの特徴は、
中国輸入商品をたくさん出品しているセラーであればあるほど、
一気に商品をリサーチできる、という便利さがあることです。

ソールドリサーチ

　メルカリの商品一覧で SOLD 表記になっているものを探していく方法です。メルカリでは取引が成立した商品について調べる「売り切れ検索」をすると、商品を絞り込むことができます。方法は検索窓に商品名を入力し、絞り込み機能で販売状況を「売り切れ」に設定すると表示することができます。表示されたら**売れた頻度と販売時の価格**をチェックしましょう。1日1個以上売れていれば人気のある商品だと判断することができます。価格についても値決めの基準として確認しましょう。

トレンドリサーチ

　Amazon や楽天市場などのメルカリ以外の EC サイトや雑誌、Instagram などで人気の中国輸入商品がメルカリで売れていないかを調べる方法です。

　この3つのリサーチ方法の中で、一番中心に使うべき方法が**セラーリサーチ**です。まずはセラーリサーチをマスターしてから、他のリサーチを実践するようにしましょう。
　実際のリサーチ方法については、後のページで詳しく紹介します。

2-3 中国通販サイトの特徴

　それでは実際に仕入れをする中国の通販サイトを見ていきましょう。私がおすすめするメルカリ中国輸入転売におすすめのサイトは次の3つです。

①アリババ1688

　※物販サイトのAlibaba.comでは購入しません。個人の転売で主に使うのはアリババ1688のほうです。

②タオバオ

③アリエクスプレス

　それぞれの特徴は次の表に示しています。

商品数	タオバオ＞アリババ1688＞アリエクスプレス
商品原価の高さ	アリエクスプレス＞タオバオ＞アリババ1688
購入しやすさ	アリエクスプレス＞タオバオ＝アリババ1688
商品の品質	アリババ1688＞タオバオ＝アリエクスプレス

　価格が最も安いのがアリババ1688、商品の種類がもっとも多いのがタオバオ、アリエクスプレスは代行業者を使わず直接購入して日本に発送できるのが魅力です。

アリババ1688やタオバオは安くて商品数は多いのですが、中国国内向けのサイトなので、代行業者を通さなければ日本に発送することができません。代行業者については第3章で解説していきますね。

▶中国輸入転売で使いたい通販サイト

それでは中国の通販サイトを1つずつ詳しく見てみましょう。
【アリババ1688】https://www.1688.com/

B to B（業者→業者）が中心のECサイトです。業者向けなので、最低ロット（最低購入数）が1個のショップは少ない（最低2～3個以上が多い）のが特徴です。また低価格で購入できるサイトが多く、中国輸入転売の仕入先としてもっともおすすめです。

【アカウント登録方法】

①アリババ 1688 にアクセスする。
②「**免费注册**」をクリックします。

③個人の場合は「**个人账户注册**」を選択します。

④「**同意协议**」をクリックします。

同意协议

⑤上から「会員名」「パスワード」「パスワード（２回目）」「電話
番号」を入力し、チェックボックスにチェックを入れて「**同意并
注册**」をクリックします。

※電話番号：左側は「日本 +81」を選び、右側に最初の０を省い
て携帯電話の番号を入力します。
※認証は「**≫**」をクリックしたまま右端までスライドさせます。

1688 账户注册

🏬 企业账户注册　　　　🔒 个人账户注册

无企业营业执照的个人用户请注册个人账户。权益如下：做个人实名认证；作为买家身份采购；

* 会员名：　[设置会员名]

* 登录密码：　[设置你的登录密码]

* 密码确认：　[请再次输入你的登录密码]

* 手机号码：　[中国大陆　+86　∨] [ ]

* 验证码：　[>> 　请按住滑块，拖动到最右边]

☐ 创建网站账号的同时，我同意遵守：
《阿里巴巴服务条款》及《隐私声明》

[同意并注册]

⑥携帯電話に送られてきた6ケタの認証番号を入力します。
入力後、一番下の「提交」をクリックして次に進みます。

ⓘ 校验码已发送到你的手机，15分钟内输入有效，请勿泄漏

手机号码：　8078109352

* 校验码：　[请输入校验码]　　[重发(51 s)]
请输入您的手机收到的验证码

[提交]

⑦会員名か電話番号を入力します。次にパスワードか携帯電話に
届く認証コードを入力します。「登録」をクリックして、ログイ
ンします。
※この画面が出ずに必要事項の入力に飛ぶこともあります。

⑧必要事項を入力して下さい。

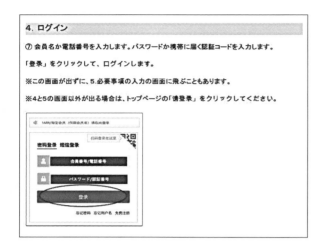

・氏名、性別（先生：男、女士：女）

・国、電話番号

・会員ステータス（左から企業、団体、自営、個人）

→「个人（個人）」を選択します

・主な用途（左から販売、購入、両方）

→「**两者都是**（両方）」を選択します

※アリババ1688のアップデートによって、必須事項の入力項目が異なる場合があります。その場合は、翻訳サイト等を使って適当なものを選択するようにして下さい。

⑨トップページ左上にアカウント名が表示されていればアカウント作成完了です。

【タオバオ】https://world.taobao.com/

　1個から購入できるショップもあり、アリババよりも少し価格が高めの傾向があります。商品数は世界トップクラスで、アリババにない商品もあることがあります。中国のアマゾンのようなイメージです。なお、アリババへのログイン登録が完了すると、自動的にタオバオのほうにも情報共有がされるので、便利です。

【アリエクスプレス】https://ja.aliexpress.com/

　代行業者を通さずに購入が可能で、中国に住んでいない人も購入できるのが特徴です。商品は1個から購入が可能ですが、価格は高めです。

2-4 知っておくべき基本の メルカリリサーチ

　まず、リサーチの中でもごく基本的なリサーチ方法を説明します。これは転売をする人以外、例えば自宅の不用品を売りたいときにも使える方法です。基本中の基本になりますので、まったくリサーチをしたことがない人はここから試していきましょう。

①メルカリのアプリの
　検索窓をタッチ。

②自分が販売したい商品のキーワード（ワンピース、参考書、靴
　など）を入力します。

③商品一覧が出ます。この時に右上の方にある「絞り込み」をク
　リックして一番下の「販売状況」から「売り切れ」にチェック
　を入れます。

④入力したキーワードを含む過去に販売した商品が一覧で出てきます。

⑤過去の販売状況を見て、自分が販売したい商品の需要や販売価格、タイトル、説明文を参考にしましょう。

　さらに検索窓にキーワードを追加することによって、より自分が知りたい情報に近づくことができます。「靴　子供靴　18センチ」などです。商品が出てきたら、まずは同じ商品か、近い商品を探しましょう。その後価格や商品説明文、タイトル、過去の販売数を見ていきます。

▶中国商品の見つけ方

　メルカリの基本的なリサーチ方法がわかったところで、次は実際に中国輸入転売で販売する商品を見つけるためのリサーチをしていきましょう。まず初めに行うことは、自分が販売したい商品のジャンルでどんな中国商品が売れているかを知ることです。

　本書ではメルカリで販売することを想定していますので、メルカリで売れている中国商品を知る必要があります。**初心者の方はまずキーワード検索、画像検索の2つを覚えましょう。**「中国商品は実際に生産国を調べないとわからない」という人もいますが、実はそんなことはなく、傾向があります。

　ひとつめは「画像」からの検索です。中国輸入商品の画像は若くて綺麗でスタイルの良い女性のことが多いです。顔が出ていないこともよくあります。メルカリで中国輸入商品を出品している方は中国サイトの写真をそのまま使っていることが多いですから、中国サイトを見るようになればメルカリでも中国商品がすぐ分かるようになります。また中国サイトのアプリで商品を検索するときは画像検索もできるので、メルカリで気になった商品のスクリーンショットを撮り、中国サイトの画像検索をかければすぐに見つけることもできます。

　ふたつめは中国輸入商品に特化した「キーワード」です。この時に基本的なメルカリのリサーチで使った方法が活用できます。キーワード検索については、中国輸入商品でよく使われるキーワードを覚えておきましょう。

〈中国輸入商品の画像例〉

　例えば、**海外、海外輸入品、ノーブランド、中国製、インポート、簡易的、簡易包装**といったキーワードが中国輸入商品の販売には使われやすいです。こういったキーワードに加えて、自分の販売するカテゴリー独自のキーワードを組み合わせるのも良いでしょう。例えば、中国輸入でアパレルを扱う場合はアパレル独自のキーワードを組み合わせた「海外　レディース」「ノーブランド　ワンピース」などで検索してみてください。

2-5 セラーリサーチを実践しよう

▶セラーリサーチのメリット

　セラーリサーチの最大のメリットは、同業の人を見つけて、そこから売れている商品を調べ、自分の商品ラインナップに加えたり、参考にしたりすることが可能になる点です。他のセラーが販売している商品を真似することで、利益が出る可能性は大幅に高くなります。

　そのためにまず、**メルカリでたくさん中国輸入商品を売っている出品者（セラー）を見つけましょう**。売れている商品のタイトルや説明文から「キーワード」を見つけたら、そのキーワード検索で新しいリサーチをする方法もあります。

　中国輸入商品を扱っているセラーを見つけたら、その人のアカウント名をクリックします。出品した商品が売れた商品も含めて一覧で確認できますので、その商品から今も売れていて利益の取れる商品を探していきましょう。また、気になった人はフォローする癖をつけておくのもいいですね。セラーをフォローすると、自分のアカウントからすぐそのセラーを見つけることができます。また、フォローすることでその出品者が新しく出品したときにメルカリアプリで通知が来ますので、すぐその商品をリサーチすることができます。

▶簡単なセラーの見つけ方

　セラーの見つけ方は、カテゴリーから検索していくと見つけやすいです。カテゴリー検索の方法は以下の通りです。

① メルカリのアプリの検索窓をタッチします

② 「キーワードを探す」の下に出る、「カテゴリーから探す」にすすむ

③ どのカテゴリーで検索するか決める（ここでは「レディース」にします）

④ さらに絞り込む（「トップス」にしてみましょう）

⑤ さらに絞り込む（現在ではなく、**3ヶ月後のシーズンに需要のあるもの**を目指しましょう。例えば、今春なら夏か秋ものです。「Tシャツ」にしてみましょう）

⑥ 商品一覧が出ます。この時に右上の方にある「絞り込み」をクリックして一番下の「販売状況」から「売り切れ」にチェックを入れます（単月利益5万円目標の方は最低価格を1750円設定にします）

⑦ 指定した条件の商品が出るので、その中から、中国輸入商品を探します。

　ここまでがカテゴリー検索の方法です。⑦まで行い、売れ行きの良い商品の商品ページの下にある「この商品を見ている人におすすめ」という商品から関連商品を見ていくリサーチ方法もあります。出品者の商品の中から**1ヶ月で3個以上売れている商品**をピックアップしていきます。

2-6 中国通販サイトでリサーチしてみよう

　メルカリで売れている中国輸入商品を見つけたら、中国通販サイトで同じ商品があるかどうかを確認しましょう。同じ商品とわかったら、メルカリでの販売価格と中国サイトでの価格から、利益がどのくらい取れるのかを計算して、実際に仕入れをするかを決めていきます。

▶中国通販サイトでの商品のリサーチの仕方

①アリババ1688で目的とする商品にたどり着いたら、まずは一番上の赤字の価格を確認しましょう。多くの商品は注文数で単価が変わります。この時注意するべきは通貨記号です。中国通販サイトでは「¥」と表示されているのですが、実際には「元」の価格になります。日本円と同じマークですが、中国元表記ですので、その時の円─元のレートにして日本円の価格を計算する必要があります。

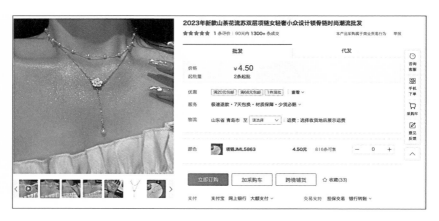

②「物流」と表示されているのが、中国国内の配送料になります。
　出品者の工場から代行業者までの配送料は購入者側が負担する
　必要がありますので忘れないようにしましょう。
③ショップの評価については、「仕入れ先を選ぶときに参考にす
　るポイント」にも記載しています。

　実際にリサーチをすると、たくさんの商品が候補として上がっ
てくると思います。同じ商品でも複数のショップで売っているこ
とがよくあります。また、画像が同じでも生産する工場によって
品質が異なることもあります。品質の確認は第5章のテスト仕入
れでもお話ししています。

本購入者限定無料プレゼント

本書をお読みくださったあなたへ 感謝を込めて、プレゼントを用意しました。 是非ご活用ください。

1 商品管理シート&使い方説明動画
これを使えば日々の商品管理も楽チン

2 売上2倍を叶える販促方法
本書に書ききれなかった販促方法を追加で解説

3 実際に利益700円以上取れた中国輸入商品を6つ紹介
リサーチしながらポイントを解説

4 絶対にやってはいけない中国輸入転売のやり方
中国輸入実績者の失敗例をご紹介

5 本書を読んでもリサーチが苦手な方へ
瀬戸山エリカからどうしても伝えたいこと

プレゼントの受け取り方

特典ダウンロード用QRコード(→)から登録後、
「中国輸入特典」とメッセージを送ってください。
(QRコードが読み込めない場合は、LINE ID:@setoerikaで検索)

2-7 仕入れ先を選ぶときに 参考にするポイント

仕入れたい商品が決まったら、次はどのショップから購入するか
を決めましょう。同じ商品でもショップによって価格やサービス
が異なることがあります。安ければいい、という判断をしてしま
うと後になって大きく損をする可能性もありますから、ショップ
の見極め方も知っておきましょう。

▶アリババ 1688 の場合

- **取引件数**
- **加盟後何年経っているか**
- **バイヤーのサービス**：無料クレジット、配達保証、7日間の交
  換、バイヤー保護などがあります。新しいショップはサービス
  が少ないことが多いため、サービスの種類の多い方が優良な
  ショップと判断できます。
- **実力商家マーク**：7日間の無料返品交換保障、72時間以内の発
  送保障、材質保証が揃っているアリババが認めた優良セラーの
  マークになります。
- **ビジネスモデル**：そのショップが工場自体なのか卸として行っ
  ているのかがわかります。生産加工という表記が工場というこ
  とになるため、直接工場からということになり、良いとされて
  います。
- **評価（取引量）**：15段階ありますが、評価がいいからいい商

品を扱っているというわけではありません。判断材料の一つとして考えましょう。

- **商品に対するレビュー**
- **リピート率**
- **企業与信**：会社の情報をどれだけ正確に表示しているか、企業自体などアリババが評価しているものになります。BB〜AAAまであります。AAAになるほど優良セラーであると判断できます。

▶タオバオの場合

- **価格**
- **取引件数**
- **金賞マーク**：ゴールドセラーの証であり、こちらがついている場合は優良ショップと判断できます。
- **累計レビューの数**：写真付きレビューは商品を見ることができますのでもしあれば必ず確認しておきましょう。中国語表記だったとしてもGoogle翻訳を活用すれば問題ありません。レビュー数は10以上のショップを選ぶようにしましょう。
- **店舗評価**：マークは4種類、5階級に分かれています。ハート→ダイヤ→クラウン→ゴールドクラウンの順に上がっていきます。こちらの評価は最低でもダイヤマーク以上の店舗から仕入れるようにしましょう。
- **商品ページとの誤差**：商品ページとの違いや商品の品質に対する購入者からの評価になります。4.7以下は似た商品が多く、粗悪品や実物と異なる場合が多いため、評価が4.8以上の

ショップを選ぶようにしましょう。

・**店舗対応**：問い合わせのスピードや内容に対する購入者からの評価になります。こちらも4.7以下は問い合わせを行っても返信がない場合も多く、4.8以上を推奨します。

・**発送の速さ**：物流のスピードや納期、到着時の状態に対する購入者からの評価になります。こちらも同様に、4.7以下は配送が遅い場合が多く、やはり4.8以上を推奨します。

　販売価格と元の商品価格の差が利益になりますが、中国輸入（アリババ、タオバオ）の場合は代行会社を利用する必要があるため代行手数料がかかります。利益の計算をする前に、その時点での元と円の為替レートを確認し（2023年4月現在1元＝19円）、利用する代行会社の手数料を上乗せして計算しましょう（実際の計算の仕方は第3章で解説します）。**こういった計算が面倒な場合は、一度仮に元に30をかけると大体の原価がわかります。**これは為替の変動によっても変化します。このため、各サイトは参考程度に使い、発注するときはしっかり計算してから頼むようにしましょう。

(2-8) AliPriceを導入しよう

▶商品検索が一度で終わる

リサーチのときに便利なのが、AliPrice（アリプライス）です。これは Google Chrome のブラウザの拡張機能になっています。Google Chrome を使っていれば、誰でも無料で使える機能です。**アリプライスを使うと、メルカリで気になった商品をアリババ 1688、タオバオ、アリエクスプレスなどの中国通販サイトで一度に検索することが可能になります。**

拡張機能のインストールはとても簡単です。

① Google Chrome を開きます

②右上のメニューアイコンから「その他のツール」を選択し、「拡張機能」をクリックします

③「拡張機能」ページ内、右上の「ウェブストアから拡張機能を探す」をクリックします

④ Chrome ウェブストアが開かれるので、「AliPrice」と入力します

⑤ページをよく読んで、機能や利点を確認します

⑥「追加」ボタンをクリックします。すると、拡張機能が自動的にダウンロード・インストールされます

⑦インストールが完了すると、アドレスバーの右側に拡張機能のアイコンが表示されます

⑧PC 版メルカリでリサーチを行い、調べたい中国商品らしきものを見つけます。AliPrice をインストールした状態であれば、その画像の左上に「Q Alibaba」と表示されますのでクリックします

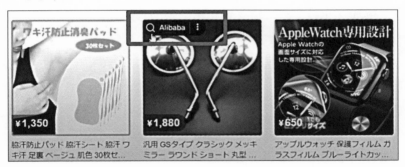

⑨クリックすると AliPrice が起動して、中国通販サイトで似た商品を提案してくれます。同じ商品を探していきましょう

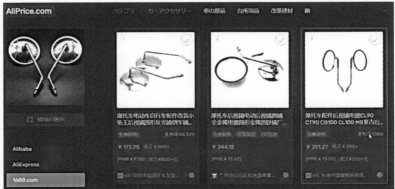

2-9 ソールドリサーチについて

▶リサーチを加速させるメルカリの機能

　私が中国輸入転売でメルカリ販売を推すのには理由があります。それは、メルカリの仕様にあります。メルカリは詳細検索から「売り切れ」にチェックを入れることで、過去に売れた商品に絞って確認する機能がついているのですが、転売するときはこの機能を重宝します。実はこれは第２章４項で説明したメルカリの基本的なリサーチ方法のことです。

　本来この機能は、出品者の再出品や新規出品者の出品を促すためという意見もありますが、この機能を活用することで、**メルカリを利用している方がどのような商品を購入しているのか、またどのようなタイトルや説明文、価格でいつ売れたのかという、出品者側にとって喉から手が出るほど欲しい情報が一覧に表示されている状態です。**これを活用しない手はありません。

▶見込み販売数の計算方法

　ただし、いくらたくさん過去に売れていたとはいえ、半年以上前のものは参考になりません。自分と同じ商品を扱っているアカウントの１日や１週間の販売数を調べてみましょう。次に、自分が参入したら「１ヶ月にどれくらい販売が見込めそうか？」を計算します。

例えば、２週間で６個以上売れている商品であれば、自分とライバルになりそうな人が３人までだったら、自分が参入して販売者は４人になりますよね。１ヶ月に 12 個以上売れている商品ですので、自分が参入しても１ヶ月３個の販売数です。月５万円の利益を目指す場合、商品ラインナップの一つとしては合格となります。

▶キーワードリサーチの方法

　ソールドリサーチは、「キーワードリサーチ」とも呼ばれる方法です。

　基本的なメルカリリサーチの方法のときに使うキーワードを、中国輸入商品に多いキーワードに置き換えるだけです。

　実は転売で稼ぐ上で重要なスキルとして『真似をすること』があります。転売は非常に単純なビジネスモデルで、安く仕入れて高く売れば利益が出ます。高く売るというのは市場の需要もあり、限界がありますが、安く仕入れることさえできればその差額は利益になるのです。しかも商品が同じであれば、購入する側からしたら誰から購入しても同じです。

　セブン‐イレブンで購入しても、ローソンで購入しても、水は水ですよね。ポイントがつくかどうか、プラスαがあるかどうかで購入先を変えることはあるかもしれませんが、ネット上、しかもメルカリ上でしたら大きな変わりはありません。

　ここに、私がこのビジネスモデルが好きな理由があります。**誰がしても同じということは、初心者でもプロでも同じように稼げる可能性を秘めています。**特別な能力やスキルは不要で、安く仕

入れて、すでに販売されている商品と同じようにタイトルや説明文や価格をつけるだけ。もちろん完全にコピーしてしまうとメルカリの利用規約違反ですしマナー違反でもあります。出品者に敬意を払いつつ、学ばせてもらいましょう！

【メルカリで商品リサーチをしたもの】

マークをした商品が、１週間で
５個以上売れています。

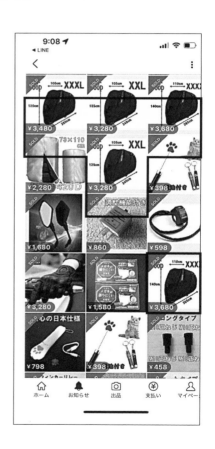

【アリババ1688でリサーチしたもの】

メルカリでリサーチした商品を
さらにアリババ1688でリサー
チすると、同じ商品が見つかり
ました。

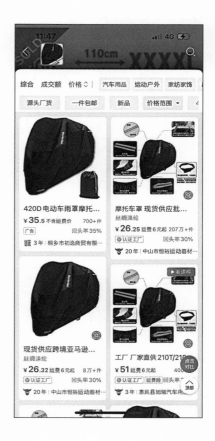

(2-10) トレンドリサーチについて

　トレンド、つまり流行から商品をリサーチするのがトレンドリサーチです。メルカリ以外のアプリやサイトで売れているものを調べていきます。メルカリでの販売を想定している以上、商品のリサーチをするときにメルカリを使うことは必須なのですが、実はメルカリ以外にも需要のある商品を調べる方法はいくつかあります。

　世の中は流行があり、商品そのものの良し悪しは置いておいて、とにかく売れる商品が存在します。そのような時代を先取りした商品を取り扱うことで、大きく売上を伸ばすことができる場合もあります。例えば、皆さんは 2016 年頃から流行った手の上で回すだけの玩具「ハンドスピナー」をご存知でしょうか？　ブームは 1 年ぐらいしかなかったのですが、その間にこの商品を売って月に 200 万から 300 万円稼いだ人もいます。ハンドスピナーのように寿命は短いけれどトレンドの商品は常に存在しています。

▶トレンドの見つけ方

　トレンドを見つけるときの大きな方法は 2 つです。1 つは雑誌や TV で流行っているものを検索することです。これは流行に敏感な人が行いやすい方法になります。また、**メルカリ内には出品されていなくても、他の EC サイトでランキングが高い商品なども狙い目です。**ですが、こういった商品はまだメルカリで売れて

いない商品ですので難易度が高くなるため、少額の仕入れから始めることをおすすめします。

【参考にする他のフリマサイト】

・ラクマ

・PayPay フリマ

・ヤフオク！

・ジモティー

【参考にする他の EC サイト】

・Amazon

・楽天

・Yahoo! ショッピング

・PayPay モール

【その他】

・クラウドファンディング

・ZOZOTOWN

・Instagram

・YouTube

・Shopify

・BASE

・ロフト

・トレンドニュース

・雑誌

▶リサーチ時の注意点

　ここまでリサーチの方法について話してきましたが、絶対に忘れないで欲しいことがあります。それは自分が売りたいものではなく、メルカリの市場で売れている商品を出すことです。リサーチ方法はある程度決まっていますが、すぐ身につくものではないので毎日10分でもリサーチを重ねてリサーチスキルを高めていきましょう。

（2-11）悩んだときの選択基準

　たくさんある中国商品の中からどのように仕入れるものを決めたらいいのでしょうか。まず**初心者の方におすすめするのは「小さく・軽く・壊れにくいもの」**です。小さいものを選ぶ理由としては大きいものだと輸送するときのダンボールにあまり入らないからです。1箱に5個入るのと1箱に100個入るのとでは1個あたりの送料はどちらが得かを考えてみてください。そうすると1箱に多くの量が入る方が送料は安くなりますよね。

　では軽いものを選ぶ理由は何でしょうか。
　中国輸入商品の送料は、使う代行業者が重量で決めます。重いものだと輸送が大変ということもあり、送料も高くなる傾向があるのです。送料が高くなれば、その分利益も減ってしまいますから、最初は重量が軽いものを選んだ方がリスクは少ないでしょう。

　では壊れにくいものを選ぶ理由は何でしょうか。中国から日本へ配送するためには航空便や船便を選びますが、どちらにしても商品によっては輸送中に壊れる可能性があります。多少の揺れでは壊れにくい商品にしておいた方が良いですね。ただし、この商品選定の基準は他の人も同じように考えるので、初心者のうちはこの考え方でも構いませんが、**慣れてきたら小さくて重くて壊れにくいものなど少し考え方を変えて商品を選定していきましょう。**下におすすめの商品カテゴリーを挙げておきます。またはこちら

のカテゴリーを参考にして商品リサーチを進めてみてください。

【オススメのメルカリ商品カテゴリー】
　　インテリア・住まい・小物＞
　　自動車・オートバイ＞
　　その他＞ペット用品＞
　　家電・スマホ・カメラ＞スマートフォン / 携帯電話

中国輸入転売で避けられないリーガルチェック

▶商品によっては仕入れただけで損をする

　リーガルチェックとは輸入された商品が法的に問題がないかどうかを確認することをいいます。運が良ければ代行業者さんが指摘してくれる場合もありますが、最終的には自己責任になってしまうので、どのようなものを輸入してはいけないのか事前にチェックしておきましょう。中国サイトにはさまざまな商品が販売されていて、「売れそうだから」と仕入れをしてしまっても、輸入ができなかったり、法律で販売が禁止されている商品があります。もし仕入れた場合にどうなるかというと、税関で引っかかって没収、最悪仕入れ金額がそのまま損失となってしまうこともあります。もしくは輸入することはできたけど、販売することができず在庫が大量に残ってしまう、という事態にもなりかねません。これを防ぐためには知っているかどうかが重要になってきます。**輸入禁止商品は大きく３つに分けられます。第1は、輸入自体が禁止されている商品、第2は輸入が規制されている商品、第3は法律で販売自体が禁止されている商品となります。**次項で詳しく紹介します。

【中国輸入転売に関係のある法律一覧】
「特に重要」を二重丸◎、「知っておいた方が良い」を三角△マークで示しました。参考にしてください。

・知的財産法（商標権、意匠権、特許権等）：◎
・電気用品安全法（PSE マーク等）：◎
・薬事法：◎
・食品衛生法：◎
・関税法：△
・ワシントン条約：△
・電波法（技適マーク等）：△

2-13 仕入れてはいけない商品（輸入禁止物）とは？

①輸入自体が禁止されている商品

　輸入自体が禁止されている商品は 12 分野の商品です（https://www.customs.go.jp/mizugiwa/kinshi.htm）。具体的にどんな商品かというと、医薬品・銃器・児童ポルノ・コピー品・偽物です。中でも特に注意したいのは、**コピー品や偽物**です。こちらは輸入禁止はもちろん、法律によって販売すること自体も禁止されています。これを知らずに販売してしまうと「知的財産権の侵害」にあたり、法律違反で損害賠償などのペナルティを受けることになります。知的財産権の侵害は、知らなかったとしても済まされないという点が怖いところです。また模造刀は銃器とみなされて、**玩具であっても没収の対象**になるので、注意が必要です。

②輸入が規制されている商品

　次に輸入が規制されている商品です。禁止商品と規制商品の違いは、一部の条件をクリアすることで販売が可能になる商品のことです。ですが、条件をクリアしなければ輸入自体が禁止となっています。具体的には、食品、食肉加工品、電気製品、医薬部薬品、医療機器、植物、動物、乳幼児用玩具などがあります。特に乳幼児の商品は気づかずにうっかり仕入れしてしまうことが多い商品の一つになっています。どうしてそれが規制対象かというと、赤ちゃんが口に入れてしまう可能性が高いので食品衛生法に抵触します。輸入はできますが、検疫が必要になります。書類や手続

きなどが大変になるので初心者が仕入れるべき商品ではありません。詳しくは mipro のサイト（https://www.mipro.or.jp/）にも記載があります。

　また、乳幼児向けの商品ではなくてもナイフやフォークなどの食器は口に入れる可能性のある商品になり、輸入が規制されていて成分検査や届出を出す必要があります。

③法律で販売自体が規制されている商品

　最後は法律によって販売が規制されている商品についてです。一つ目は PSE マークの対象商品です。具体的にはモバイルバッテリーや家のコンセントから電気を取る商品は PSE 対象商品の可能性が高いです。

　PSE マークの対象商品を販売するには、輸入事業者自身で検査を行って、その上で PSE マークを表示して販売する必要があります。PSE マークの対象商品は複雑なので、素人判断せずに、経済産業省のホームページ（https://www.meti.go.jp/policy/consumer/seian/shouan/act_outline.html）などで確認しましょう。次に PSC マークの対象商品です。例えばバイクのヘルメット、石油ストーブ、登山用ロープやライターなどです。消費者の生命や身体に対して危害を及ぼす恐れがある商品は PSC マークが必要となっています。こうした商品は意識しないとつい見落としがちですので注意してください。

　本書で紹介した商品以外にも輸入禁止・販売規制商品はたくさんありますので、判断に迷った方は JETRO や mipro といった輸入既製品に詳しい機関に問い合わせるのが一番です。問い合わせれば無料で回答してくれますので、活用していきましょう。

【コラム】

1日3時間の作業で
月50万円稼げるようになったMさん

名前：Mさん

年齢：27歳

住まい：千葉県

ご家族：夫、長女、長男

今の職業：主婦

前職：歯科衛生士

当時の月収：23万円

現在の売上：月商120万円

現在の利益：単月利益50万円

中国輸入転売歴：1年10ヶ月

▶家にいても稼げる仕事がしたかった一心で
　中国輸入転売を開始

　メルカリ転売を始めたきっかけは、まだ子供が小さいので家でできる仕事がしたいという思いからでした。

　数ある物販ノウハウの中で、中国輸入転売を選んだ理由は、自分でリサーチした商品の販売をしてみたかったのと中国から商品を輸入してみたいという思いが以前からあったからです。始めて

から３ヶ月ほどで人に頼み始めることができ、月の利益は20万円を越えるようになりました。今では９人の外注さんと一緒に中国輸入転売に取り組み、１日３時間の作業で月50万円の利益まで伸ばしています。

中国輸入転売では、作業を効率化するために必要な外注などの仕組み化の部分にいろいろなやり方があるので自分に合った方法を見つけるのが難しかったですね。とにかく実践してみて、失敗したらその都度、改善するということを繰り返しました。

▶お金と時間が増えて、やりがいも手に入る

本書に書いてあった通りにリサーチをすれば、１つの商品でもたくさん売ることができます。さらに作業を効率化して、仕組み化することで自由な時間が増えました。収入も上がり、子供と一緒にいられる時間も増えてやりがいを感じています。

中国輸入転売で成功するためには、リサーチに時間をかけてとにかく続けることです。何度も繰り返し行っていると慣れてきますし、経験もついてきて売れる商品のリサーチもスピードアップすることができます。

商品を仕入れるときに、最初は売れるかどうかとても不安だと思います。でも、数量を意識してリサーチを行えば、確実に売れるので、たくさんリサーチして売れる商品を仕入れて販売してみてください。色々経験して改善を繰り返すと利益も増えてきます。利益が出ないからと途中で諦めないでぜひ続けてみて欲しいと思います。

第 3 章

失敗しない
輸入代行業者の
選び方

(3-1) 輸入代行とは

　輸入代行業者とは、中国で購入した商品を自分たちの代わりに日本に届けてくれるサービス業のことです。例えば、多くの中国のメーカーが登録している個人向けの通販サイト「アリババ 1688」で商品を購入した場合、商品代金は支付宝（アリペイ）を通して支払われます。アリペイとは中国のモバイル（電子）決済サービスのことで、利用者数は 12 億人以上と世界最大級のキャッシュレス決済サービスといえるでしょう。

　アカウントの登録には中国の銀行口座か、日本のクレジットカードの登録で可能ですが、中国語か英語でしか使えないこと、5％のチャージ手数料がとられることなど、日本ではまだ馴染みがありません。

　また、通販サイトから商品を購入しても、その商品が届けられるのは中国国内です。日本国内に届けるには、通関作業など煩雑な輸入事務を行わなければいけません。また、商品や配送などでトラブルがあった場合、直接、中国語で交渉しなければならないときもあります。これを自分ですべて行うと大変なので、中国輸入転売をする場合には基本的に輸入代行業者を使います。

▶代行業者を使って商品を仕入れる流れ

　第 2 章では商品のリサーチを行って利益がとれる商品をメルカリで探してきました。そして、中国の通販サイトで同じ対象商

品を見つけたら、そこからが輸入代行業者の出番です。輸入代行業者を通じて商品を注文すると、まず業者の事務所に商品が届きます。

　その商品を業者が検品、梱包し、発送手続きを行ってくれます。日本に届いたらサンプルをメルカリに出品してみて、売れ行きを判断します。売れ行きが良ければ、本格的に発注するという流れになります。

【代行業者を使って商品を仕入れる全体像】

リサーチ（利益がとれる商品をメルカリから探す）

↓

中国の仕入れサイトで対象商品がないかリサーチする

↓

代行業者を通じて、サンプル仕入れをする

↓

工場→代行業者中国事務所に商品が到着する

↓

代行業者中国事務所で検品・梱包を行う

↓

発送方法を指示する（航空便・船便）

↓

商品が中国から発送される

↓

到着まで待つ（航空便で３〜５日程度、船便２週間程度。季節や物流状況によって変わる）

↓

商品が到着次第、サンプルチェックをする（検品、質のチェック）
↓
サンプルチェックが OK なら、フリマアプリに出品してみる
↓
販売を進めてみて、在庫が切れる前に発注する
（発注数量は売れ行きを見て判断する）
↓
リサーチ・仕入れ（テストと本発注）、販売を繰り返す。

3-2 代行業者を使う理由

中国輸入転売では、商品を仕入れる方法は次の3つがあります。

①現地買付
②中国通販サイト（アリババ1688、タオバオ等）
③輸入代行

　まず中国に直接行って、現地で買い付けをする方法です。こちらは現地に赴くか現地のパートナーがいないと成立しないためおすすめできません。その次に中国の通販サイトで仕入れをする方法です。こちらも中国国内に届いた商品を現地の方に日本まで送ってもらう必要があるため難しいでしょう。最後はこれまで話しているように輸入代行業者に依頼して、商品を仕入れる方法になります。

　輸入代行業者は、買い付けから検品、梱包、発送までワンストップで行ってくれるところが非常に便利です。日本語に対応している会社も多く、発注から商品到着後のサポート、トラブル対応まで日本語ですべて行うことができるので安心です。

　確かに代行費用はかかりますが、一人で行ったときの手間に比べれば安いものですし、使ったとしても利益は残りますので使うことをおすすめします。

3-3 代行業者選びで おさえたい5つのポイント

インターネットで「中国輸入 代行業者」と調べるとすぐにたくさんの輸入代行業者が出てきます。そのような数多くの代行業者の中から自分に合った業者を選ぶときは、いくつかのポイントがあります。輸入代行業者を選ぶポイントは次の5つです。

①料金

代行手数料は、**「月額」「手数料（商品代金の○%）」「月額＋手数料」**の3つのタイプに分かれます。仕入れ金額が大きければ、月額制度の手数料のほうがお得ですし、仕入れ金額が少なければ、商品代金の○%の手数料制度のほうがお得です。月額では2.5万円程度、手数料であれば5%以下のところが基準になります。また、代行業者によっては独自のルールがあり、知らないところでコストがかからないように、事前にきちんと確認しておきましょう。

②対応の速さ

商品の依頼や質問に対して早く回答が返ってくることや納品などのスピードが早いことは輸入代行業者を選ぶ際に重視すべきポイントです。対応が遅くなると商品の仕入れに問題が出たり、商品到着が遅くなるため対応が早い代行業者を選ぶようにしましょう。

③コミュニケーションのしやすさ

まず日本語対応が流暢であるかがポイントとなります。代行業者のスタッフは中国人が対応しているケースもあり、日本語をよく理解しているスタッフや経験値が高い方が担当であれば問題はないでしょう。逆に会社によっては日本語がうまく通じない場合もあるので注意が必要です。

④サービスの質

商品の検品が日本基準か中国基準かでサービスの質は分かれます。届いた商品をチェックすることを検品というのですが、日本の商品クオリティで検品をしてくれる会社とそうでない会社があります。なるべく高い基準で検品をしてくれる会社を選ぶようにしましょう。

⑤初心者対応

初心者でも発注しやすいシステムがある輸入代行業者を選びましょう。ホームページが綺麗で見やすい、実際に発注する際のツールやシステムが簡単に操作できて使いやすいなどが見極めるポイントとなります。

　ただし、実際頼んでみないと②〜⑤はわからないことが多いでしょう。そこでホームページに記載されている「料金」が選定の際に重要になることが多いです。

　②〜⑤で納得のできない代行業者を選ぶと結果的にコストがかかります。また、一度、業者を選ぶとなかなか変えづらくなるので、輸入代行業者選びはとても重要になります。

第3章

失敗しない輸入代行業者の選び方

輸入代行業者の手数料は、商品仕入れ価格の５％ほどです。こう言うと高いように感じるかもしれません。しかし、中国製品はそもそも安いため、この手数料が負担になることはほとんどないでしょう。とはいえ、この手数料が低いほど利益が取れるのは確かです。そこで私のおすすめする代行業者は「ECexpress」です。こちらの代行業者は**手数料が業界最安値の３％**でサービスも充実しています。これから輸入代行業者を決めようとお考えの方や、今使っている代行業者に不満のある方は一度こちらの代行業者を利用してみてください。

〈おすすめの中国輸入代行業者〉

ECexpress
• 業界最安値の手数料３％
• 自社便利用で輸送日数を削減
• 少ないロット数でも対応可能
詳細は右記 QR コードから友達登録して下さい。

ECエクスプレス

3-4 代行業者の手数料以外にかかるもの

　代行業者の手数料は平均5％ほどかかりますが、それ以外にも商品代金や送料、商品によっては関税がかかるものもあります。費用の内訳とは一体どのようなものがあるのでしょうか？　少し見てみることにしましょう。

【中国輸入転売にかかる費用一覧】
① 商品代金
　中国の通販サイトに掲載されている商品の価格です。中国の通貨「元」で表示されています。

② 中国国内送料
　あなたが購入した商品を中国国内の工場から輸入代行の中国事務所まで配送される送料のことです。

③ 検品費用
　商品のカラーや数量などを確認してくれる簡易検品は無料です。詳しく検品してくれる有料検品プランもあります。その時点で不良品があれば工場に返送できますが、日本に輸出した時点で返品ができなくなる工場もあるので、場合によっては有料検品を利用するのも良いでしょう。

④ 梱包・発送作業手数料

商品の梱包や発送作業に手数料が発生します。輸入代行業者によって料金体系などは異なります。

⑤ 通関手数料・通関業者固有の手数料

商品を中国から日本国内へ通過する際に、商品の検査を受けて、輸入の許可を得て税関を通過する「通関」が必要になります。

ただし、輸入代行業者に依頼すれば、すべて代行してくれるので自分で何かする必要はありません。費用は国際送料の中に含まれて、すべて一括で請求されます。

⑥ 国際送料

国際送料とは、中国から日本へ送る商品の輸送料金になります。航空便と船便があります。料金の目安は例えば中国から航空便で輸入すると1 kgの貨物で100元〜120元（1 kgあたり約1,520円〜1,824円）ぐらいになります。船便は送料が最も安いのですが、商品が届くまでに1ヶ月から3ヶ月程度、時間がかかります。

⑦ 関税

輸入品によって課税される税金です。商品によって関税率が変わります。詳しくは税関のホームページを参考にしてください（https://www.customs.go.jp/tariff/2021_4/index.htm）。

関税の支払いのタイミングは大きく分けて3つあります。

商品が手元に届いたときに代引きされるパターン、通関業者から請求書を輸送されるパターン、輸入代行業者がすべてを立て替えて支払ってくれるパターンです。

3-5 中国から日本への商品の輸送について

▶「航空便」と「船便」のメリット・デメリット

　中国から日本への商品の輸送は、航空便か船便で輸送します。それぞれ、メリットとデメリットがあるので、使い分けるようにしましょう。

　航空便はその名の通り、飛行機で商品を輸送することです。中国輸入転売では基本的に航空便で輸送します。航空便のメリットは、到着が早いということです。繁忙期と閑散期など時期にもよりますが、中国で発送されてから4〜5日程で到着します。デメリットは、国際送料が高めになってしまうことです。

　船便は船で商品を輸送することです。船便は国際送料が安いことが最大のメリットです。航空便と比べて輸送量も多く設定できるので、他の荷物と合わせて輸送するというスケールメリットを活かすことができます。デメリットは到着までに時間がかかることでしょう。時期にもよりますが、発送後2週間程度かかります。また、荷物量が少ないと意外と割高になることもあるので注意が必要です。それぞれメリットデメリットがありますから、輸送料と到着日からあなたの商品を販売するのに最善の輸送方法を選択してくださいね。

第 **4** 章

売上を
加速させる
販売方法

（4-1）メルカリを知ろう

▶メルカリは巨大なフリーマーケット

　メルカリは個人間取引（C to C）ができるフリーマーケットのアプリ版の一つです。手軽さや安さが魅力で、2022年11月には累計利用者数約4,800万人と累計出品数30億品を突破。2023年6月には月間利用者数2,200万人を突破し、他のフリマアプリとは一線を画す存在になっています。メルカリの仕組みは個人間にメルカリが入り、仲介の立場をとることで取引が成り立っています。

　今まで個人間取引の問題点としてあった、金銭トラブルや商品トラブルなどが起こったときにメルカリが仲介してくれることで取引を安全かつ簡単に行うことができるようになったのです。その代わりメルカリには手数料10%のお支払いが発生します。

　この手数料はフリマアプリの中でも一番高い設定ですが、**高くてもメルカリが選ばれるのは利用者数や売れやすさ、使いやすさが他のアプリよりもダントツでいいから。**売買が成立してから手数料がかかるようになっているので、「とりあえず出品してみよう」で問題ありません。またメルカリは本書で紹介している「常識の範囲内の転売」を公式で許可しています。これは仕入れを行って、メルカリで転売する事業者が増えた、時代の流れといえるでしょう。メルカリも事業者向けにB to Cのオンライン店舗が構えられる「メルカリShops」を開設しています。

【メルカリで出品するメリット】
①集客力の高さ
②早く売れる
③初心者でも使いやすい
④多彩な商品ジャンル

4-2 プロフィールを作ろう

▶プロフィールが売れ行きを左右する

　メルカリでアカウントを作ったら、プロフィールを設定しましょう。プロフィールは、画像、ニックネーム、自己紹介（1000文字テキスト入力）で構成されています。**実はこのプロフィールが商品の売れ行きに大きく影響します。**

　同じ商品が同じ価格で横に並んでいたときに、あなたはどうやって購入する相手を選びますか？　初対面の相手ですし、なるべく安心できて安全な相手を選ぶのではないでしょうか？　特にフリマの場合は個人間の取引になるので、個人の信用が重視されます。購入したのに発送がされない、発送が遅いといった取引のトラブルには遭いたくないですよね。

　販売している人には実際には会えないので、相手が信頼できるかどうか、その判断をするためにユーザーが見ている重要な項目がプロフィールなのです。プロフィールが丁寧に記載されていれば、ユーザーは丁寧な印象を受けます。ニックネームに「専門店」と書いてあれば、商品に詳しいのではないかと期待してしまいますよね。**商品の売れ行きを左右するプロフィールはこだわって作りましょう。**

【売れるプロフィールの書き方】
①自己紹介は７割以上の文章量で質問させない

自分について知ってもらう場所ですので、公開できる範囲で記載をしましょう。ペットの有無、喫煙者がいるかどうか、保管方法、出品する商品のジャンルなどをきちんと書くことで、出品後の質問を減らせますし、取引キャンセルや残念評価、クレームを減らすこともできます。何も書かない、「よろしくお願いします」だけ、といった自己紹介ではあなたのことは伝わらず、きちんと対応してくれる人なのか不安になってしまうかもしれません。

②言葉遣い

　メルカリの取引は文章で行われますので文章の言葉遣いが相手に与える印象を左右します。「です」「ます」口調であれば丁寧な印象を与えますので、質問や梱包、発送なども丁寧に行ってくれる印象を与えることができます。

③プロフィール画像

　商品を下にスクロールして出品者のプロフィールを見ると、最初に目にとまるのは左側のプロフィール画像です。私たちは左から右に文章を読むので左のものが目にとまりやすい傾向があります。プロフィール画像は購入者に信頼してもらうためにも大いに活用しましょう。出品者が男性であってもフリー素材の女性の画像を掲載することをおすすめしています。女性の画像というだけで信頼度が上がるからです。

　逆に掲載を止めたほうがいいのは、自分自身の本当の画像、他人や芸能人の画像です。自分の画像は個人情報になりますので公開しないほうが無難です。また肖像権や著作権を侵害しないために他人や芸能人の画像も避けた方が良いでしょう。著作権フリー

のサイトもいくつかありますので画像に困った際はこちらを使ってみてください。

【写真フリー素材】
写真 AC
shutter stock

信頼度を上げる 自己紹介テンプレート

▶順番通りに文章を考えよう

「プロフィール作りは難しいし、面倒だ」という人のために、自己紹介のテンプレートを作りました。参考にしていただければ幸いです。親しみやすさや印象を高めるためにも絵文字を多用しながら、作成しましょう。

自己紹介テンプレート	
①最初にお礼を述べる	たくさんあるページの中から私のページにご訪問してくださり本当にありがとうございます
②簡単に自己紹介	例）三児のママです。日中に出品することが多いです。 例）普段は会社員をしているので夜間の返信になります。
③扱っている商品	例）アクセサリーを中心に出品しています 例）服を中心に出品しています
④購入に関して	例）即購入も可能です 例）コメントは不要です 例）基本お値引き致しかねます
⑤保管状況	例）ペットの有無 例）喫煙者の有無
⑥注意事項	例）返品はお受けしかねます 例）撮影状況によって色味が異なることがあります

▶ニックネームでできる簡単な工夫

　ニックネームとは、プロフィールにつける名前のことです。20文字まで入力することができます。ニックネームには名前を入れてもいいのですが、おすすめは「専門店」や「即購入歓迎・OK」といった文字を入れてみてください。「専門店」とすることで他の出品者と差別化をすることができたり、「即購入歓迎・OK」とすることでコメントのやりとりを省略することができます。一方で、自分や知り合いの本名は個人情報保護の観点から記載するのはやめましょう。

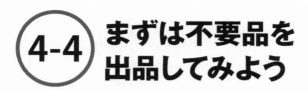

4-4 まずは不要品を出品してみよう

▶実際に出品をしてみよう

　本書では中国輸入転売の方法をお伝えしていますが、**これまでまったくメルカリで出品をしたことがないという人には、実際に出品してみることをおすすめしています**。なぜかというと、出品の仕方を頭でいくら理解できたと思っていても、実際にやってみると戸惑うことが多いのが現実で、私の公式 LINE でも使い方の説明を質問される方が毎月いらっしゃいます。メルカリの出品方法を事前に体験しておけば、本格的な転売も挑戦しやすくなります。

　メルカリ出品初心者におすすめしているのが、自宅にある不要品を探して、出品してみることです。これなら商品をリサーチしたり、仕入れをする必要がないのですぐできますし、リスクはまったくありません。部屋の掃除ついでに、使わなくなったバックや家電、着なくなった服、もう使わない参考書などが見つかったら、まずはメルカリで出品してみましょう。

①アプリを立ち上げて、出品を押す

②商品の写真を撮影する

③商品名を書く

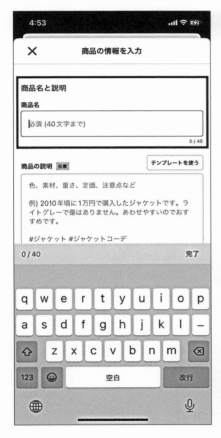

④販売価格を設定する

⑤出品する

(4-5) クリックされる 商品写真の撮り方

▶1枚目の写真を目立たせる4つのコツ

　商品写真は最大で10枚掲載することができます。**メルカリで「売る」ために一番注力するべきは実は1枚目の写真です**。というのも、メルカリで商品を見る画面（いわゆるタイムライン）でユーザーが受け取る情報は、写真と価格のみとなっています。だからこそ、1枚目の写真でユーザーにクリックされるかどうかが、購入されるかどうかの分かれ目になるのです。魅力的な写真を載せていなければ、たとえ需要のある商品だったとしても、ユーザーの目にとまることなく、タイムラインの下の方に埋もれていきます。撮影は普段使っているスマートフォンで問題ありません。中国輸入をするときに注意したい画像のポイントは4つです。

①商品写真を明るくする

　暗い写真はどんな商品も魅力的には映りません。**このため商品写真はできるだけ明るく仕上げる必要があります**。例えば撮影前にスマホの設定で明るさを最大にして、撮影しましょう。すでに撮影してしまったのであれば、写真の明度を上げましょう。メルカリのアプリ上で編集することができます。**「写真選択」**を選び、**「加工」→「調整」→「明るさ」**で右にバーを移動させると撮影後の写真が明るくなります。

②背景は白が基本

　Amazonや楽天市場を始めとした多くのECサイトでは、画像の背景は白色を使うように推奨しています。メルカリではそのような推奨はありませんが、白色は購買意欲をそそる色としても心理的な研究結果が発表されています。白色を基本としたうえで、他の人と差をつけるために商品に合った壁紙を使って背景を変えるなど工夫してみましょう。

③中国サイトから転用する

　写真の1枚目には、商品の全体がわかる写真を選択します。これは多くのユーザーが1枚目の写真を重要視しているからです。この時、中国の通販サイトで使用されている商品画像を流用して載せるのが手っ取り早くておすすめです。ただし、中国の通販サイトの画像だけで出品画像を登録するのはNG。なぜなら、メルカリ利用規約違反にあたる「無在庫転売」を疑われるからです。最悪の場合、アカウント停止になる恐れがあります。**中国の通販サイトの画像を使いつつ、出品画像のうち1枚だけは必ず自分で撮影した実物の写真を載せるのがポイントです**。なお実物写真の掲載は何枚目でも構いません。

④加工・修正しすぎない

　「写真は明度を上げる」と①で説明しましたが、この時に注意して欲しいのが、写真の加工をしすぎないことです。色がくすんでいたから明るい色に変えた、思ったより質が良くなかったけど加工でツヤツヤにした、など実際の商品とかけ離れてしまうような加工や修正は加えてはいけません。色がくすんでいる部分があっ

ても、その部分はそのまま掲載しましょう。**マイナスポイントを掲載すると売れないと思う方もいるかもしれません。実はその逆で、商品の価格と状態に納得した方が購入するので問題ありません。**

　フリマアプリで購入する場合、お店で購入するのとは異なり、商品を手にして確認できないため、ユーザーは写真と説明文だけで商品の購入を判断します。このため正しい商品情報を伝えなければ、購入後の返品やキャンセルにつながることもあります。ユーザーに誤解を生まないよう、いろいろな角度から撮影をしましょう。

(4-6) 商品トップ画像を工夫する

▶画像に追記をする

　前述したようにメルカリのアプリ内では撮影した画像に文字を入れるなどの加工することができるようになっています。画像は著作権・肖像権を侵害するものでなければなんでも良いのです。これは多くの EC サイトの中でもメルカリに特徴的なことで、このこともあり、メルカリではユーザーに訴求効果が高く、より売れやすいともいえます。

　具体的には 1 枚目の商品写真、つまりトップ画像に「新品未使用」などのキーワードを挿入したり、サイズや商品名を記載したりします。トップ画像を加工することによって、商品の状態やブランドをユーザーに直接訴求できるようになります。また、同じ商品を販売することの多い中国輸入転売では他者との差別化ができる要素でもあり、転売上級者は取り入れることが多い手法となっています。**秒単位でタイムラインの中の商品が入れ替わるメルカリでは、このように自分の商品を目立たせる工夫を取り入れていきましょう。**

　なお、ブランドのロゴ画像の貼り付けはアカウント停止のリスクがあり、推奨していませんので注意しましょう。

4-7 正しいタイトルをつけよう

▶キーワードとカテゴリーを使って
商品を見つけてもらおう

　商品を撮影したら、タイトルと説明文を作成します。メルカリで商品を検索しているユーザーは、キーワード検索機能を利用して商品を探していることが多いです。

　そのため、商品を多くのユーザーに見てもらうためには、ユーザーが検索している**キーワード**をタイトルに正しく入力している必要があります。

　例えば、ピアスを出品しているのに、タイトルに「靴」と書いてあったら、ピアスの検索結果として自分の商品が表示されない状態になってしまいます。ただし、説明文に「ピアス」と掲載されていたら表示されます。

　これは極端な例ですが、実際の商品とかけ離れたワードが盛り込まれていると、見た人は商品を正確に判断できなくなります。また、カテゴリーについても確認が必要です。商品をカテゴリーで検索する方もいるので、カテゴリーは正しく選択しましょう。カテゴリーはタイトルに合わせて自動設定になってしまうので、正しいカテゴリーに分けられているかどうか、出品前に確認しましょう。例えば、「レディース」のアクセサリーなのに、「インテリア・住まい・小物」のカテゴリーに分けられているとユーザーが探しにくい場合もあります。

▶キーワード設定のポイント

　メルカリのタイトルには 40 文字入れることができます。この文字数の中に、いくつかのキーワードを入れて検索結果に表示される回数を増やせるかどうかが売れやすくなるポイントです。基本のキーワードは、**商品ジャンル、商品名、商品特徴**を入れましょう。商品特徴は**サイズや色、型番**などです。できるだけ多くのキーワードを入れて、検索結果にヒットしやすくしましょう。こういった商品に関係するキーワードの他にも、商品を欲しいと思わせる、購買意欲をそそるキーワードの挿入もおすすめです。例えば、**「送料無料」「新品」「限定」**など、魅力的な言葉が盛り込まれていると、多くのユーザーの目にとまり売上アップ効果を望めます。

　例）お買い得、人気急上昇、特売、早い者勝ち、大感謝祭など、商品の説明文は 1000 字まで入れることができます。説明文中のキーワードも検索結果に反映されます。サイズや色、素材、重さ、商品の状態などをキーワードを使いながら記載しましょう。

販売価格を決めよう

▶売りたい価格より値上げしておくメリット

　メルカリの場合、販売価格は 300 円から設定することができます。自分が出品したい商品は市場の相場（ライバルの出品の価格）に合わせる必要があります。なお、メルカリは個人間取引のため販売価格に消費税はかかりません。

　しかし、自分の商品をユーザーが検索したときに上位に表示させる SEO 対策のことを考えて価格を多少上げて出品する必要があります。市場の相場を見ながら売れる価格帯に設定することは大前提ですが、相場の 300 円〜 500 円ぐらい上乗せをするのが良いでしょう。

4-9 SEO対策をしよう

▶自分の商品を上位表示させる方法

　皆さんは SEO という言葉をご存じでしょうか？　SEO という言葉は知らなくても、日常で Google や Yahoo! といった検索エンジンを使って、お持ちのパソコンやスマートフォンから検索をしていますよね。実は検索をしたときに上位にウェブサイトが表示されるように対策をすることを SEO 対策といいます。上位表示されることでユーザーへの露出が増えると、クリックされやすくなるため、自社サイトを上位表示させる SEO 対策は今ではどこの会社でも行われている販促戦略です。実はメルカリでもタイムラインの上位に表示されればユーザーの目にとまることが増えるので購入されやすくなるのです。

　そこで、SEO 対策をメルカリでも行うことで、ユーザーへの露出を増やし、成約率を高めましょう。メルカリのタイムラインでは新しい順、おすすめ順、ショップ、価格の安い順、高い順、いいね！順に並び替えることができますが、どの順でもその中では時系列の出品順で表示の順番が変わります。しかし、普段不用品を販売するぐらいではご存じの方は少ないかもしれませんが、メルカリでは一度出品した商品でも、もう一度タイムラインの最上位に表示させることが可能です。一度出品した商品を削除して、同じ内容で新しい商品ページを作成し、再出品するという方法もありますが、実はこの方法はアカウント停止につながりやすくあ

まり推奨できません。

▶簡単に上位表示させる方法

　メルカリで新規出品する商品に対しては、前述したような**タイトルや説明文に適切なキーワードをしっかり盛り込むことが、基本的で有効なSEO対策です。ユーザーはキーワードで検索しているので、より多くのキーワードがタイトルや説明文に記載されている方がヒットしやすいのです。**ユーザーが探している商品がタイムライン一覧に表示されたときに自分の出品した商品が入り込めば、購入される確率が上がります。

　ですが、一度出品した商品は時間の経過とともに下位表示になってしまうことはメルカリの仕組み上避けられません。そこで、ぜひ取り入れて欲しいのが、「100円値下げ」によるSEO対策です。メルカリの仕組みでは、価格を変更することで表示の順位が変更されます。つまり、**100円を値下げすることで、再びタイムラインの最上位に表示させることがメルカリで行えるSEO対策となります。**ただし、値下げは出品してから1日以上経過していることが必要です（条件によって1日以上経過しなくてもできる場合があります）。

【100円値下げの方法】
①出品した商品が1日（24時間）経過していることを確認
②自分の出品した商品ページに入り、「商品を編集する」をクリック
③販売価格から100円下げる（例1,000円の商品は900円にす

る）

④「変更する」を選ぶ

⑤画面に「商品情報を更新しました」と出たら完了です。メルカ
　リのホームに戻り、自分の商品タイトルで検索してみてくださ
　い。タイムラインの一番上に自分の商品が表示されていれば成
　功です。

　値下げをするのは100円以上であればこの効果はありますが、
できるだけ高く売るためには最小限の値下げにする必要があり、
それが100円となっています（時期によっては99円のときも
あったり、24時間経過しなくても上位表示されることもありま
す）。値下げをするタイミングは24時間経過していればいつで
もできますので、自分のライフスタイルに合わせて空き時間に
行ってみてください。

4-10 出品の時間帯を工夫しよう

▶ 21時〜24時がもっとも売れる時間帯

　もし余裕があれば、出品時間帯も工夫してみましょう。実はメルカリではアプリの閲覧が多い時間帯を公表しています。一般的にはメルカリを閲覧している人が多い時間帯に出品した方が良いように思うかもしれませんが、実はそんなことはありません。**メルカリで一番売れる時間帯は21〜24時です。閲覧しているときに「いいね」をつけてブックマークし、後で値段交渉や説明文を読んでゆっくり購入する人が多いのです。**

　こう言うと、今度は売れる時間帯を気にするあまり、出品ができなくなったり、何回にも分けて行うことになったりすることがあります。まずは仕入れて出品してみることが大切ですから、自分の生活スタイルに合わせて始めて、徐々に自分の取り扱う商品が何時ごろ売れやすいのかを絞っていくと無理がありません。自分なりの継続できる方法を探していきましょう。注意してほしいのは、100円値下げをして上位に表示した後、値段をまた元の値段に戻す、ということを繰り返すとアカウント停止のリスクが高まりますので注意が必要です。

　また、毎日100円ずつ値下げしていくと、気がついたときには送料の方が大きくなって赤字になってしまったということにもなりますので、この商品は最低いくらで販売するという底値を把握しておきましょう。

(4-11) SEO対策以外の販促戦略

▶販促になるコメント活用術

　SEO 対策以外にもメルカリで売れるようになるコツはまだあります。メルカリには「コメント」といって、出品者に対して質問や交渉をする機能がついています。実はこの「コメント」は他人の商品だけではなく、自分の商品に自分でコメントすることができます。そして、**このコメントが入ると、商品に「いいね」しているユーザーにメルカリアプリの「お知らせ」から通知が入るようになっています**。商品に「いいね」をしているユーザーはブックマークをしている感覚で「いいね」を押しているケースも少なくありません。気になるけどもう少し安くなったら購入しようという人も多いのです。

　ユーザー側の設定次第ではコメントが入ると、スマホに通知が来るようになっています。

　そこでこのコメント機能を活用して行うべき方法が、**「販売終了のお知らせ」**です。

　100 円値下げをしていくとどうしても商品価格が下がります。ですが、底値以上の割引は赤字になるので行いたくはありません。その時、コメントに自分でもうすぐ商品を削除する予定であることをいいねをつけているユーザーに知らせることができます。いいね、をつけていたユーザーであれば削除されるくらいなら購入

しようという方も一定数います。この際に、**他の商品と一緒に購入してくれたらさらにお値下げします**、などの販促も有効です。１商品の利益が下がっても合計の販売金額が増えれば赤字も回避しやすくなります。

　また、コメントでまとめ買いを促すのも有効ですが、プロフィールを使って最初からまとめ買いを促すという方法もあります。

　メルカリのプロフィールやニックネームに
　『複数購入でお値引きします』
　『1,500円以上を２点以上購入で○円引き！』
　など記載をしておくのです。

　さらに、購入された後にまとめ買いを促す取引メッセージを送ってみるという方法もあります。

例）この度は購入いただきありがとうございます。今回の購入に加えて、別の商品を同時購入していただきますと今だけ限定で半額購入となります。気になる商品などありましたら是非早めにおっしゃってください。

　このように出品して購入をただ待つのではなく、攻めの姿勢でユーザーに働きかけることが自分の商品を選び購入してもらうためには必要になります。

　ぜひ、これらの方法も活用してみてください。

まずは
「1ヶ月5万円」を
目指す

(5-1) テスト仕入れをしてみよう

　第２章で仕入れる商品を決定し、第３章で代行業者を選定したら、次はいよいよテスト仕入れを行いましょう。テスト仕入れとは、商品を少量だけ仕入れ、実際にメルカリで販売することをいいます。どうして少量だけ仕入れて販売するのかというと、理由は３つあります。第１に少量しか購入しないため、仕入れ費用が抑えられます。商品の仕入れ費用だけでなく、輸送料、代行業者の利用料など全体的にコストをカットできるので、リスクを最小限にすることができるのです。

　第２は商品の品質確認のためです。実際に取り寄せてみると、中国の通販サイトで見た商品とは全然違う素材や質の商品だった、思っていた商品と違うということがたまにあります。そもそも、文化の違いで日本人には不良品のように感じられる商品でも、中国人は不良品として扱わないこともたまに起こります。

　国、歴史、文化の違いから、日本人のユーザーが嫌だなと思う商品を扱ってしまうと自分のアカウントの信用に関わります。ですので、リサーチして売れると確信した商品でも、必ず一度はテスト仕入れをして実際に商品を確かめるようにしましょう。

　第３は売れ行きの確認のためです。第２章の方法を駆使して、「売れる」と確信した商品でも、実際に販売してみないと売れるかどうかの確証はありません。次項で述べる、テスト販売でもメルカリでよく売れるようでしたら、テストではなく本格的に仕入れをしていいでしょうし、売れ行きが悪かったら仕入れをやめる

という方法をとることもできます。中国輸入転売の失敗を避けるためには必ず導入して欲しい手順となっています。

▶テスト販売をする

　テストで仕入れる商品をリサーチして決めたら、まずは**3〜5個**仕入れをしてみましょう。

　テスト販売期間は**約1ヶ月**を目安に、第3章の方法を使ってメルカリで売ってみてください。1ヶ月で3〜5個も売れないようでは継続的な販売は難しいでしょう。

　商品単価が上がれば商品が売れる回転率も下がりますが、まずここでは難しいことは考えずに、テスト仕入れした3〜5個が1ヶ月以内に販売できるかどうかです。売れたら追加で代行業者に同じ商品の本発注をかけます。ですが、一度出品してみて、「いいね」しかつかない、「コメント」がつかない、購入されない、または売れずに価格を下げた結果、想定した価格の底値になってしまうようでしたら、3日ほど様子を見てから再出品してみましょう。これを1ヶ月間テストします。3〜5個が2ヶ月で売れるようだったら、売れるけれどもそれでは回転率が悪いので新しい商品を見つけましょう。在庫を抱えないように心がけることが利益を残すために大切なことです。

(5-2) 梱包、発送をしよう

▶最安値の発送方法が Win-Win になる

　商品がユーザーに購入されたら、商品を梱包して発送します。梱包方法や発送方法はできる限り最安値になるように工夫しましょう。

　転売は仕入値と販売価格の差が利益になるビジネスです。購入者の手元に届くまでの梱包や発送方法にかかる費用も差し引いた分が手残り利益になります。中国輸入で取り扱える商品はさまざまですので、一概にこの梱包・発送方法がいいというのはありません。梱包に使う資材も、商品によってサイズを変える必要があります。

　例えば、「小さくて軽くて壊れにくい」商品の代表ともいえる、アクセサリーでは、普通郵便の定形郵便物（25 g 以内 84 円）が最安値の発送方法となります。「軽くて壊れにくい」商品といえばアパレルです。アパレルはTシャツでしたら、郵便局のクリックポスト（185 円）やゆうゆうメルカリ便のゆうパケットポスト（215 円）が最安値になります。メルカリ便は、宛名書き不要・匿名配送・追跡機能・安い配送料・配送サポートが魅力の発送方法です。最初は普通郵便（定形・定形外）での配送の方法を設定しておいて、メルカリ便を希望する方には最安値の発送方法との差額をプラスして変更可能にするという方法もあります。ただ、実際にそれを希望する方はほとんどいません。購入する側も配送

料を安くしたいという気持ちがあるのだなと感じています。つまり、**最安値の配送方法をユーザーに提案するのがもっとも良い**ということになります。

　配送方法に悩んだら、メルカリのアプリ版にはサイズと料金などから配送方法を調べることができる早わかり表がありますので、こちらを活用してみて下さい。

〈メルカリアプリ版配送料金表の場所〉
①メルカリアプリを開く
②右下のマイページをクリック
③ヘルプセンターをクリック
④配送方法をクリック
⑤配送方法一覧をクリック
⑥配送方法早わかり表の画像をタッチ

5-3 マネされたときにやるべきこと

▶リサーチとテストの繰り返しが重要

　ここまでにリサーチの重要性やテスト仕入れの仕方をお話ししてきましたが、忘れてはいけない重要な話があります。それは、売れた商品はすぐにマネをされるということです。第2章で売れている商品のリサーチを行って、中国通販サイトで仕入れを行ったように、他の出品者も常に売れる商品、利益の取れる商品を探しています。

　そして同じ商品の出品者が増えれば自分の商品が売れる確率も下がります。商品をマネされたときに起こるのは値崩れです。商品を求めている人よりも、商品を供給している人のほうが多くなるので、飽和性が起こって価格が下がっていくのです。これは独占して商品を販売するビジネスではない物販では避けられない宿命といってよいでしょう。

　だから1ヶ月に3〜5個売れる商品ラインナップを持って販売していく必要があるのです。

▶利益0でも販売する意味

　もちろん、最初は売れ筋商品も少ないからマネされて売上が下がれば、衝撃も大きいでしょう。自分の思った以上に価格が下がって利益が取れないこともあります。そういう時には、プラマ

イゼロでも売ってしまうことをおすすめします。資金ができれば次の仕入れができます。次の仕入れで利益になる可能性もあります。中国輸入転売は継続することが大事なのです。

　間違ってはいけないのは、他の出品者にマネされたからといって落ち込むのではなく、また利益の出る商品をリサーチしテスト仕入れしていけばいいのです。中国通販サイトでは、新しい商品が次々と紹介されています。過去の売れた商品だけにこだわらず、新規開拓を心がけましょう。

5-4 テストで仕入れた商品が売れなかったときの対処法

　テスト仕入れで仕入れた商品が1ヶ月以内に販売できなかった場合は次の3つの原因が考えられます。

①リサーチから販売まで期間が空いて市場が変わった

②リサーチした商品が間違っていた

③出品ページや販促に問題があった

　それぞれ、説明していきましょう。

①リサーチから販売まで期間が空いて市場が変わった

　同じ商品を販売している他の出品者の販売状況（価格の相場）を確認しましょう。同じように値崩れを起こして価格が下がっていたり、売れ行きが悪いようなら、想定利益は取れなかったとしても多少値下げをして販売してしまいましょう。そして、この商品は諦めて新しくリサーチした商品のテスト仕入れを進めることが肝心です。

②リサーチした商品が間違っていた

　そもそもリサーチの時点で売れる基準を満たしていなかった可能性があります。①と同じように、リサーチした商品の販売状況をメルカリで調べてみてください。どこが基準を満たしていなかったのかを分析して同じ間違いをしないようにしましょう。

③出品ページや販促に問題があった

　①②で他の出品者は販売できている場合、出品ページ（写真、タイトル、説明文、価格）に問題があり、ユーザーに届いていない、魅力的でない商品になってしまっている可能性があります。また一度出品しただけではタイムラインの下位にどんどん下がってしまいますので露出も減ります。同じ商品を出品している出品者と商品ページを比べてみる、販促方法を見直してみる（SEO 対策の時間を変えてみる）などをして、改善してみましょう。

5-5 売れ行きを数字で管理しよう

　物販ビジネスにおいて管理するものは商品や売上金額、手残り利益などがあり、慣れないうちは管理するのも一苦労かもしれません。ですがそれは数字の管理表を使うことによって、時短ができます。また、数字で売れ行きを記録しておくことによって、次に仕入れる商品や販売価格の分析を行うことができます。そういった数字から自分の中国輸入転売を伸ばすための戦略に役立てることができるのです。

　また、仕入れた商品は売れなかった場合に在庫として残ります。在庫は利益を産み出すかもしれない"資産"つまりお金と同じです。この**在庫＝資産を正しく正確に数字で把握すること**が必要になります。

　管理表は Excel でも行えますが、Google スプレッドシートを使うことで共有することも可能です。以下の項目を Excel に登録して表を作りましょう。

　私の物販スクールでは、すべてを同じ管理表にするとわかりにくいので、シートごとに項目を分けています。「商品管理表」と「出品管理表」、「月別の売上管理表」をそれぞれ作成して連動させるのが良いかと思います。作成が難しい方は、物販スクールで使用している管理表から初心者向けに分かりやすくしたものを特別に本書の読者の方に無料でプレゼントしますので巻末をご覧になってください。

【売上管理に必要な項目】

①発注日：代行業者に依頼した日

②出品日：メルカリに出品した日

③商品 No：自分で管理するときの番号

④商品名

⑤バリエーション：色や種類など

⑥画像：画像 URL もあれば

⑦仕入れ先の価格：仕入れ先 URL もあれば

⑧販売日

⑨販売価格

⑩手数料

⑪送料

⑫利益

⑬利益率

(5-6) 売上管理方法

　売れ行きを管理するためには、毎日の数値のチェックと月次予測を立てて仕入れを計画的に行ったほうが、長期的に見て収益が上がります。ここでは1日の売上管理方法と月次の売上予測の方法を紹介します。

　毎月5万円の利益を上げるためには、月の目標値を立てて、それを達成するために日々行動していきましょう。そのために行って欲しいのが**毎日の数字の管理**です。私が主宰している物販スクールでは、日報といって、その日の**売上・利益・販売個数・利益率、毎月の合計売上、毎月の合計利益**などを報告しています。これをすることで、月の目標を達成するために残りの日数でどれくらい販売すればいいのかが明確になり、自分がするべきことがわかりやすくなるのです。単月で見ればわかりやすい数字も、月を重ねていくと、前月、前々月に仕入れた商品の在庫や販売があり、どんどん数字がわかりにくくなっていきます。だからこそ、個々の取引状況、月単位で目標を達成できそうなのか、残りの日数でどれくらい販売しなければならないのかを明確にするためにも、できるかぎり1日ごとの数字を把握しましょう。

数字を使った時間管理の方法

　リサーチや出品作業、発送作業など中国輸入転売の作業は、基本的にいつやっても構いません。自分で好きなときに取り組める反面、時間の使い方を間違えると時間あたりの効率が下がって、時間を使った割には稼げないという結果になることもあります。作業は効率的に実行して、思った以上に時給がよかった、という結果にしていきましょう。

　そのために取り組んで欲しい時間管理は次の通りです。

　物販ビジネスをする上で、自分が各作業にどれくらいの時間がかかるかを把握しておきましょう。物販ビジネスは、リサーチ、出品、梱包、発送、販促などの決まった作業が発生します。他にも商品管理や質問への対応など想定外の事態にも対応しなければなりません。だからこそ、想定できる**自分でコントロールできる範囲のことを管理すること**がとても重要になります。

　初心者の方は、それぞれの作業にどれくらいの時間がかかるのかをスマホのストップウォッチ機能を使って把握しておきましょう。そして、作業の時間がわかったら、今度は自分の目標単月利益を達成するために、各作業時間の合計がどれくらい必要なのかを計算します。

【各作業の目安時間】

　リサーチ：1商品につき30分（毎日3個の場合）

　出品：1商品につき5分×142商品＝710分　毎日するとし

て1日約22分

　梱包：1商品につき3分×71商品＝213分　毎日するとして1日約7分

　このように計算した時間を、1週間、1ヶ月単位であらかじめ予定に組み込みましょう。時間を効率的に使えるかはスケジュール管理ができるかどうかにかかっています。

第 6 章

「5万円の壁」を越える5つのノウハウ

6-1 成功公式通りにすれば 売上は上がる

▶公式よりも大事なこと

　ここまで読んできた皆さんなら、中国輸入転売で月5万円を稼ぐための方法は理解できたと思います。ここからはさらに月5万円以上を目指したい方が行うべきことを紹介しましょう。

　月5万円稼げるようになれば年間60万円の収入の増加が見込めます。月10万円となれば年間120万円、月30万円なら年間360万円です。売上が倍になれば収入も増えてきます。**そのための大きな秘訣は「続けること」です。中国輸入転売は長く継続してこそジワジワと旨みのきいてくるビジネスです。**それは継続することでリサーチスキルが身につき、初心者では気づかないような新規商品を開拓できるようになることや将来的にODMやOEMという自分だけのオリジナル商品を開発して販売する、よりレベルの高い物販ビジネスへのステップアップにもつながるからです。

▶成功公式の要素が上がれば売上も上がる

　売上を現在の5万円から6倍の30万円に上げるのは難しいと思う人もいるかもしれません。ですが、物販ビジネスの成功公式は第1章で紹介したように「**集客×営業×商品＝売上**」です。つまり、売上を上げるなら、3つの項目（集客、営業、商品）の数

字を上げれば良いのです。基本的なリサーチ方法や販売方法が身についていれば、数量を増やせば得られる売上も上がります。この章では各項目の上げ方について解説していきます。

6-2 単価を上げる

▶利益増加のメリットとデメリット

　売上を上げるために、最も簡単なことは**1商品あたりの単価を上げる**ことです。本書では700円という利益単価を設定していますが、この利益単価を上げることで収益効率は良くなります。では、具体的にどのように上げればいいのでしょうか？

　単純に現在の商品の価格を上げるわけにはいきません。700円の利益単価の商品を複数見つけられるようになっているのでしたら、次は利益単価1,000〜1,500円が見込める商品をリサーチしていきましょう。

　慣れてきたら徐々に利益単価を上げていくのが良いですが、まずは少なくとも1,000円前後の利益が取れる商品を探します。単価を上げるときに気をつけなければならないのは、単価が上がれば、その商品が売れるまでの時間は長くなるということです。

　例えば、何千万円もする住宅とミネラルウォーターが売れるまでの時間を比べると、一般的には住宅の方が長く、単価の低いミネラルウォーターは早く売れるでしょう。

　1ヶ月で売り切れない商品にも仕入れる商品を広げることで、売上を上げるのです。例えば、今までは1ヶ月で売り切ることを想定していたけど、単価を上げるためには2ヶ月で売り切ることができる商品を選ぶということです。販売のスパンが長くなれば、在庫を持つリスクも高くなるので、より確実に売れる商品

を探す必要があります。

▶カテゴリーの選択と広げ方

　この時、注意したいのがカテゴリーの選択です。初心者におすすめの商品として「小さくて軽くて壊れにくいもの」と伝えましたが、誰でも選ぶようなリスクの低い商品は薄利多売になりやすく利益単価も低くなりがちです。月5万円は稼げるようになったなら、少しずつ他の人が選びにくいような商品にカテゴリーを広げていきましょう。

　ポイントは「ノーブランドでも安く買える」という良い商品の定義に沿って、これはノーブランドでも日本人には受け入れられるな、という商品を見つけてみてください。例えば自動車やオートバイのアクセサリーは、一定の購買層があり、利益単価を高くつけられる商品です。また、韓国で流行っていて、日本ではあまり知られてない商品も売れ行きが良いので、他の出品者よりもいち早く商品を仕入れることで、売れる可能性も高くなります。

(6-3) 数量を増やす

▶販売数量を増やすときの心得

　利益単価を高くすると、販売期間が伸びるリスクがあるため、以前よりも、より確実に売れる商品を選ぶ必要があります。ですが、そんなリスクはとりたくない、という方のために、現状のままで売上を伸ばしていくためのもう一つの方法を教えます。**それは出品数を増やし、販売数量を増やすということです。**

　初めのうちは、どんな人でも売れなかったらどうしようという不安や怖さが出るものです。ですが、その不安や怖さはテスト仕入れでなくすことができます。本書で紹介したようなテスト仕入れで基準をクリアすれば、本発注して量を増やします。売れ行きが良ければ在庫が切れる前に追加発注をかけて出品数を増やしていきましょう。

　リサーチを増やし、仕入数を増やすときに重要なのが、完璧を求めすぎないということです。もちろん、本書で設定した基準数値を満たさないものは、選んではいけません。しかし、テスト販売で売れる見込みがありそうであれば、それもラインナップに加えていくことが必要です。売れ行きを見ながら常にラインナップの修正をしていきましょう。

▶販売数量が少ないときから管理表を活用する

一方で出品数が増えれば増えるほど、商品の把握が難しくなります。そんな時に活躍するのが商品管理表です。

冒頭で紹介した通りに、毎月5万円の利益を上げるためには、1商品の利益単価を700円として、成約率50％で計算して144商品の出品を行うことが前提にありました。

例えば毎月10万円の利益を上げるためには、これを倍にしなければなりません。288商品を出品すれば毎月10万円が実現できます。毎月20万円の利益を確保するには、576商品の出品が必要になります。この数になってくると管理表がなければ、商品を把握することは難しいでしょう。ですが、管理表があれば問題はありません。また、同時にやっておくこととして、同じ商品を増やせば自分の首を締めることになるので商品のラインナップを増やしていくことは必須です。

いきなり出品数や商品数を増やすのではなく、リサーチに慣れ、管理表の入力に慣れ、と徐々に足元を固めてからステップアップしていきましょう。本書の方法ができるようになったあなたなら問題ありません。

(6-4) セット販売をする

▶商品を組み合わせて単価を上げる

　出品数を増やす以外に、売上を上げる方法もあります。それが**セット販売**です。この方法は、第1章でもご紹介しました。同じ商品でも色違いやサイズ違いでも構いませんが、関連した商品を複数同時にセットとして販売することをいいます。

【セット販売のメリット】
①売れやすくなる
　セット販売にすると1商品あたりの単価が下がるので、ユーザーは割安感を感じ、購入される確率が上がります。例えば、ストッキング1つで500円よりも、色などを合わせて3つセットで1,000円のストッキングのほうが売れる確率は高くなります。

②送料を節約できる
　商品にもよりますが、単品送料よりも同じ配送先であれば単品で送る配送料と同じ金額で複数個送れることがあります。やや配送料が上がったとしても、単品で同じ個数売れるよりは安くなることがほとんどでしょう。もしくはセットにするときに、この個数までなら配送料が抑えられる、と先に計算することも可能です。

③在庫を減らせる

　一度に多くの商品を購入してもらえれば、購入回数は一度なのに在庫は１つ以上なくなることになります。メルカリは在庫を持つことが必須ですので、有在庫販売は避けられません。なるべく在庫を減らしたいときほど使いたい販売方法です。

④ユーザーも楽

　必要な商品であれば何度も購入して取引するよりは、一度で済ませた方がユーザーとしても楽ですし時短になります。この視点から考えると、セット販売する商品としては、**生活する上で消費するもの、何度も購入が必要になるもの**、などは特におすすめと言えるでしょう。

【セット販売のデメリット】

　特にありませんが、あえて言うならトップ画像を中国通販サイトから流用することができないため、自分でトップ画像を撮影したり加工する手間がかかります。ですが、自分で撮影することで、同じ商品を売っているセラーと差を出すことができるようになります。売上が増えてきたら、トップ画像の作成は専門の方に依頼して自分はリサーチに注力するなどの時間効率化に取り組んでいきましょう。

【セット販売例】
①同じ商品を複数個一緒に販売する

　ストッキングや裾上げテープなどの消耗品は同時に複数個買うことが日常茶飯事です。このような日常消費する商品はセット販

売にするとよいでしょう。

②関連した商品を複数個一緒に販売する

　ネイルチップとグミシールのセットやシャワーヘッドと変換ノ
ズルなどユーザーが使用するシーンを思い浮かべて、商品を組み
合わせてみましょう。

③サイズ違いや色違いをセットにする

　下着の色違いや靴下のサイズ違いなどをセットにすると、何個
も買うより一度で済ませたい購入者などに売れやすくなります。

(6-5) 専門ショップにする

▶専門ショップとは？

　メルカリでリサーチをしていると、○○ショップ、○○専門店、○○バイヤーといったアカウント名があることに気がつきます。こういったアカウントは、**1つのカテゴリーに絞って商品を販売する「専門ショップ」**と呼ばれるものです。こういった専門ショップは店舗でも存在するように、メルカリでも需要があります。専門ショップにすることで、利益単価を上げられるだけでなく、他の出品者と差別化ができるので、利益単価を上げても販売数を維持することができるのです。

　ただし、中国輸入転売初心者がいきなり専門ショップを始めることはおすすめしません。初心者は主観でリサーチしてしまうことが多いため、そもそもリサーチの時点で仕入れを間違ってしまう可能性が高いからです。専門ショップを見ているとわかりますが、アカウントの評価数が5000以上あることが多いです。そのような専門ショップにするまでに多くのリサーチと販売を経験してきたことが想像できます。将来的に専門ショップを目指すことは問題ありませんが、初心者はまずは月5万円を安定的に稼げることを目指しましょう。

【メリット】
①自分のショップにファンがつく

専門店にすることで、自分のアカウント（ショップ）に固定の
ファンがつきやすくなります。ファンがつくことでリピート購入
される確率が高まります。アカウントのフォロワーも増えますの
で、このショップは信頼できそうという評価も得やすくなります。

②高く売れやすい

専門店ですので、アラカルト販売している出品者よりも商品の
知識や質に期待ができます。ユーザーとしても高くても専門店か
ら買いたいという人も一定数います。

③初心者と差別化できる

なんでも売っている初心者よりも、質の良い商品を仕入れてい
るという信頼があるため差別化できます。

【デメリット】
①ファンはすぐにつかない

開店してすぐのショップにファンがつかないように、アカウン
トを開設して専門ショップを作っても、すぐにファンはつきませ
ん。その結果、売れるようになるまでに時間がかかる可能性はあ
ります。

②カテゴリーが絞られる

専門とするカテゴリーの商品しか扱えなくなるため、さまざま
なカテゴリーの商品はそのメルカリアカウントで販売できなくな
ります。ですが、カテゴリーを絞ることのメリットは前述した通
りですので、デメリットとはいえないでしょう。

6-6 仕入額、売上額の指標を知る

　ここまでは月5万円稼ぐことを目指して、そのためのリサーチ数、出品数、販売数の指標を示してきました。ここからは月5万円以上を目指すための仕入れ額や売上額の指標の作り方を教えていきます。

　まず単純に、**「目標とする単月利益の2倍の在庫を持つこと」**を意識してください。例えば目標とする毎月の利益が10万円なら20万円分の在庫、20万円なら40万円分の在庫を持つということです。次に前月に仕入れて出品中の商品があるはずですから、その数字の把握と次の目標から設定した仕入れ額を決めます。この時、繰越在庫はざっくりと半分で計算しましょう。仕入れ額が決まったら、次にリサーチ数（単価と商品数）を決めます。まずは1商品の利益単価が700円とれるものをリサーチしてきているはずですので、それ以上を目安にしていきましょう。利益単価1,000円くらいのものであれば、テスト仕入れは5個で大丈夫です。仮に定価が2,000円ならば、次のように計算します。

　　1,000 × 5個＝ 5,000円
　　10,000円（仕入れ額2,000 × 5）÷ 5,000円＝ 2

　つまり、2種類の商品をリサーチする必要があることがわかります。販売数は目標とする利益を単価で割ればわかります。まずはこのシミュレーションをしながら、単価やリサーチ数を決めて、

日々の行動につなげていきましょう。一度出した数字も、理想通りにいかないこともあるはずです。ですが、テスト仕入れでうまくいかなかったらまた戻るだけ。中国輸入転売は同じことの繰り返しです。少しずつ精度を上げ量を増やすことで、自分のスキルが身についていることを実感しやすいノウハウでもあります。判断基準と目標値をしっかり設定して進めていきましょう。

6-7 作業を効率化する

▶まずは一人でできることを効率化しよう

　5万円の壁を越えるためには、ビジネスの公式の各項目の数字を上げること、とお伝えしましたが、そのために必要なものがあります。それは**時間**です。本書を読んで中国輸入に必要な一連の流れ、全体像がわかったら、次は一連の作業の中で行ってしまっている、無駄な作業、無理がある作業、ムラのある作業を見つけていきましょう。

【中国輸入転売で起こりがちなムリ・ムラ・ムダ】

①リサーチしていて他の商品に目移りする
　リサーチをしているとたくさんの商品を見ることになるため、本来の目的を見失うこともあります。リサーチに使うと決めた時間内で終わるように、リサーチするときに使う**キーワードやセラーを Excel にリスト化しておく**など、行なった作業が一目でわかるようにしておくことも重要です。

②時間内で作業が終わらずに他の時間を圧迫する
　第5章でもお伝えしたように、自分がリサーチや出品などの作業にかかる時間を測って把握しましょう。そして、1日に行うべき作業時間を計算し、1日の自分のスケジュールに合わせてあら

かじめ予定に組み込みます。私は Google スケジュールを使って
時間管理を行っていますが、予定した時間内に終わらなければそ
の作業は終わりにします。仕事に制限時間を設けることで集中し
て取り組むことができるからです。終わらなかった作業は、余裕
時間という予定を組み込んでいるのでそこで行います。この時間
は自分の趣味を楽しむ時間なのでこの時間が減らないように気を
引き締めることもできるのでおすすめですよ。

③先読みができずに市場が変化する

　夏や冬など、着る物や使うものが大きく変わりがちな季節の移
り変わりは要注意です。**3ヶ月後**を見据えたリサーチと仕入れを
行うようにしましょう。また、中国の長期連休である『春節』や『国
慶節』にも気をつけなければいけません。中国仕入れサイトだけ
でなく、工場や運送会社なども休みになることが多く、この期間
は通常通りの仕入れができません。さらに、この長期連休は日本
と違って毎年日程が変わります。休みを取る日数も工場や会社に
よってバラバラですから、あらかじめ確認しておくことは必須で
す。直前に慌てることのないように、連休前の仕入れは3ヶ月前
には計算しておくようにしましょう。

6-8 作業を外注化する

▶他人や業者に作業の一部を委託しよう

　一人でできる作業の効率化をすべてやっても時間が足りない。もしその段階にきていたら月20万円以上の利益を目指す段階にきているはずです。そうなると作業量は5万円の頃の4倍ですから、出品や梱包、発送にかかる時間も単純に考えて倍以上にはなります。そこに時間を取られるとせっかく身についたリサーチスキルも活かせません。

　収入は増えても時間に追われてしまっては、長く継続することは難しくなります。そこで取り入れて欲しいことがあります。それは**作業を外注化する**ということです。

　外注化とは、作業（仕事の一部）を他人や業者に委託することです。作業量や仕事内容に応じて報酬を支払う代わりに、自分で行う作業は減り、その分時間が生まれます。初心者であればいきなりすべての作業を委託するのではなく、まずは梱包、発送からお願いしていきましょう。

　中国輸入転売であれば、商品の配送先を委託先に指定すれば問題ありません。この2つの作業は商品が売れた後に行う作業のため、売上に影響することがなく、誰がやってもほとんど差が出ないことから最初に行う外注化として適しているのです。梱包発送で委託に慣れたら出品もいずれお願いしていきましょう。

▶委託は身近な人から

　委託先の見つけ方はいくつかありますが、私がいつもおすすめしているのは、まず家族やご友人の方に依頼していく方法です。誰でもできる作業とはいえ、自分のビジネスに関わる作業をお願いするのですから、信頼できる相手がいいですし、長く継続して欲しいですよね。そのためには信頼関係が重要です。家族や友人であれば信頼関係はあるはずですので一から関係を築くよりも依頼しやすくなります。ただし、ビジネスとして依頼する以上、契約書や仕事内容の評価は他の人と同じように行うということをあらかじめ伝えておくのがいいでしょう。周囲にいる人にはすでに頼んでしまった、もしくは頼める人が周囲にいない場合は、次ページの外注先を探せるサイトから委託先を見つけていきましょう。

　また委託をするときに、委託作業を具体的に考えておくことが重要です。例えば梱包や発送代行の場合は、「平均単価を指標として出す」ことで依頼しやすくなります。本書では次のように指標を推奨しています。「1出品で30円、1梱包発送で30〜50円、売れたら10％のボーナス（年1〜2回のボーナスにすることなどもある）」です。

　下記の外注先を探せるサイトでは募集の文章を書かなければいけませんが、同じような内容を掲載している人がいるので、その人の文章を参考にするのもよいでしょう。ただし、まったく同じ文章を掲載してはいけません。

　また、**委託する人は社会常識のある人を選びましょう。例えばメールの返信が遅すぎる人は作業の進捗に影響がでる可能性が高**

いので依頼をするのはやめましょう。できるだけ継続したいと考えている人を優先するようにして、最初は少しの量から任せるようにしましょう。

【委託先専用サイト】
・クラウドワークス
・ランサーズ
・ジモティー
・シュフティ
・＠SOHO

【委託するときの注意点】
①社会常識がある人を選ぶ
②月数千円の収入が欲しい人
③継続できる人、長くできる意思がある人
④最初は少しの量から任せる（トライアル）をすること（例えば
　1種類5商品だけ送ってみるなど）

【コラム】

中国輸入転売からOEMへステップアップし 単月利益250万円を稼ぐAさん

名前：Aさん

年齢：41歳

住まい：栃木県

ご家族：妻（妊娠中）

今の職業：システムエンジニア

現在の売上：（単月利益250万円）月商900万円

現在の利益：単月利益250万円

中国輸入転売歴：約2年半

▶残業がなくなり中国輸入転売を開始

中国輸入に興味を持ったきっかけは新型コロナウィルスが流行し始めたときでした。残業がなくなり、時間が空いたことで何か収入を増やせることができないかと考えました。YouTubeなどのいろいろな動画を見て、副業に興味を持ち、そこから中国輸入OEMに行き着きました。僕は現在会社員として働いていますが、給料だけで年収1000万円以上に到達するのはほんの一握りの役員のみです。OEMに取り組むことで、会社の役員の人たちくらい稼げるチャンスがあるのでしたら、やってみたいという思いで、

OEMで稼ぐことを最終目標とし、その前段階である中国輸入転売を始めました。

　まずはエリカさんの物販スクールで学び、転売をスタートさせました。10ヶ月ぐらいで1ヶ月の利益が20万円を超えました。現在はOEM（自社ブランド製造）にステップアップし、月の利益は250万円を超えています。OEMとは自社でブランドを開発、製造してアマゾンなどのプラットフォームで販売することです。オリジナルブランドを一から作るということもできますが、一般的には、既製品に少し手を加えて、ブランドロゴをつけて販売するという形になります。OEMを始めるためにはまとまった資金が必要です。OEMで中国の工場に発注する場合、最低でも1000〜2000個のロット数が必要なので、まとまった資金がないと始めるのは厳しいため、中国輸入転売から始めて、資金を貯めてから始めるのが望ましいです。

▶数字にこだわってリサーチを攻略！　副業でも本業越えの収入達成

　中国の通販サイトではありとあらゆるものを扱っています。最初のうちは商品がありすぎるがゆえに、どれを仕入れていいのかわからなかったです。ですがその時に役立ったのがリサーチです。数字に根拠を立てて、現実的に実現できる数値で、仕入れを行っていきました。見込みの売れ行きと実際の売れ行きにギャップがあるときは、一つひとつ検証して、ブラッシュアップしていきました。リサーチはとにかく数が大事です。本書にあるように、1ヶ月の利益から逆算して、どれだけ毎日リサーチをすればいいのか

決めて取り組んでいました。僕の場合、利益が出る商品を 20 〜 30 個見つければ、だいたい 10 万円はいく見込みでリサーチをしていました。

　中国輸入転売では、中国から輸入した商品が到着するのに 2 〜 3 週間はかかるので、発注から販売するまでのリードタイムがかかります。それによりキャッシュフローも悪くなります。そこで、僕は、少しでもキャッシュフローを良くするために、販売してから現金化するまでの期間をなるべく短くするために回転率を意識しました。利益単価が高いものは販売期間が長くなりがちで、利益単価が低いものは販売期間が短いという傾向があります。販売期間は短く済むといっても、すべてのラインナップを利益単価が低いものにすると商品個数が増えて管理がしにくくなります。そこで利益単価が高いものをまぜつつ、利益単価が低いものとバランスを取って、販売するようにしていました。

　計画通りに行動しても、それでも思ったほど利益結果が出ないときは、必ず振り返りを行い、なぜ目標に到達しなかったのか徹底的に原因を調べ、それを次回に活かしたのが結果につながったのかなと思います。

おわりに

　本書を手に取り、そして最後までお読みくださり、本当にありがとうございました。
　リサーチは限られた一握りの人しかできないものではなく、公式に当てはめて行うことで難しいものではないことがわかっていただけましたでしょうか？

　私がこの本を書きたいと思ったのは、とにかく「リサーチが苦手な人をなくしたい」「中国輸入転売についてもっと知って欲しい」という一心でした。

　本書でお伝えしたいことは、ただリサーチのやり方や公式だけではありません。中国輸入転売は継続するほどスキルがついて、他者と差がついていく物販ビジネスでもあります。
　これからの時代、人工知能（AI）の発達やChatGPTの進化により新しいリサーチ方法も出てくることでしょう。そうなった時、「数字」という根拠を基に考えて行動できる人こそが生き残っていくのではないでしょうか。
　また、そういった「数字」の根拠は変化もしていきます。だからこそ、人と交流することでその「数字」を確認していく必要があるのです。

　私が物販ビジネスに出会ったのは6年前でした。当時は看護師の副業として取り組んだため、家事・育児・本業のスキマ時間

を使って、そして寝る時間を削り、とにかく時間を作って行っていたことを今でも覚えています。

　時間がない中で、しかもリサーチも若手な私が利益を上げることができたのは、間違いなく教えてくれた「人」とリアルな「情報」があったからです。そして上手くいかずにくじけそうなときも、同じスクールの仲間と励まし合い進み続けることができました。

　最初は月5万円でも副収入があれば、くらいの軽い気持ちで始めましたが、実際に利益が増えるにつれて、物販ビジネスの再現性の高さや将来性に魅力を感じ、多くの人にこの収入の増やし方を知って欲しいと思うようになりました。

　今では物販スクールを主宰する立場となり、年間1000名以上の方が物販ビジネスを始めています。そして、毎年多くの方が物販ビジネスの魅力にとりつかれ、本業を辞めて物販ビジネスに注力したり、収入が増えて本来やりたかったことを叶えられるようになっていくのを見ると、私は本当に嬉しいのです。

　中国輸入転売を初心者で始めて月5万円、10万円、30万円、50万円と増やしていく方たちを見てきて、中国輸入転売をもっと多くの人に取り組んで欲しい、もっと知って欲しいと思っています。そして上手くいく方たちには共通点があることに気がつきました。それは目標の「数字」を立てて作業を進めていることです。

　それはリサーチの数字だけではありません。具体的に月に稼ぎたい金額、年間に稼ぎたい金額、そのお金で何をしたいのか、1

年後、5年後、10年後はどうなっていたいのか。将来を具体的にイメージできている人ほど、自分がするべきことに注力して、売上が下がっても一喜一憂せずに継続しています。

そして、その目標を立てることは一人では難しいとも感じています。すでに中国輸入転売で実績のある人に目標を修正してもらったり、リアルな声を聞くこと、現状を相談できること、これが継続して稼ぎ続けるためのコツです。そのためには一人で行わず、環境を整えることが必須です。

とはいえ、自分はそこまでは望んでいないという方もいると思います。まずは本書を読んで、この通りに進めてみてください。

最初から大きい金額を目ざす必要はありません。小さな一歩でも1年後、5年後と続けていくことであなたのスキルと財産は大きく育っていくのです。

新しいことを始めるのには勇気がいりますが、本書がその勇気の一助となったらこんなに嬉しいことはありません。もし始めてみて悩むことや相談したいことがありましたら、私の公式LINEからご連絡ください。「5万円までは稼げたけどそれ以上稼ぎたい」という方からのご相談もお待ちしています！

本書で載せきれなかった方法や商品管理シートは、公式LINEで本書をお読みになってくださった方限定で無料プレゼントしていますので、是非受け取ってください。

最後になりましたが、本書を執筆するにあたってたくさんの方にご協力いただきました。私に関わるすべての方に感謝申し上げ

ます。

　特にご協力いただいた、あっくん、まゆみちゃん、AYA さん、ありがとうございました。これからも一緒に中国輸入転売と私たちの物販スクールを盛り上げていきましょう。

　そして最後まで読んでくださったあなたへ。
　いつの日か、リサーチ力をつけてメルカリ中国輸入転売で「お金」と「自由」を手にすることができたあなたに直接お会いすることができる日を楽しみにしています。

瀬戸山エリカ

本購入者限定無料プレゼント

本書をお読みくださったあなたへ
感謝を込めて、プレゼントを用意しました。
是非ご活用ください。

❶商品管理シート&使い方説明動画
これを使えば日々の商品管理も楽チン

❷売上2倍を叶える販促方法
本書に書ききれなかった販促方法を追加で解説

❸実際に利益700円以上取れた
中国輸入商品を6つ紹介
リサーチしながらポイントを解説

❹絶対にやってはいけない
中国輸入転売のやり方
中国輸入実績者の失敗例をご紹介

❺本書を読んでもリサーチが苦手な方へ
瀬戸山エリカからどうしても伝えたいこと

＜プレゼントの受け取り方＞
特典ダウンロード用
QRコードから登録後、
「中国輸入特典」と
メッセージを送ってください。
(QRコードが読み込めない場合は、
LINE ID:@setoerika で検索)

瀬戸山エリカ（せとやま・えりか）

株式会社ラディネイト代表取締役。茨城県出身。筑波大学大学院生命環境科学博士前期課程修了。累計生徒数3000人を超えるオンライン物販スクール主宰。一般病院、大学病院に12年看護師として勤務する間、双子を出産、ワンオペ育児、ワーキングマザーを経験。その中で「お金と時間の必要性」を実感し、副業で物販事業を始める。現在はシングルマザーとして子どもを育てながら在宅でオンライン物販スクールの運営を行い、副業や在宅ワーク希望者へ指導、脱サラ・脱パート者を多数輩出している。SNS・講演・オンライン講座・雑誌などを通じて個人が稼ぐ方法や場所に縛られず自由に働く生き方を発信している。

著書に、『人生をストレスフリーに変える「おひとりさま」のお金の増やし方』（総合法令出版）、『30代からの「最高の人生」のつくり方─30歳から後悔しないために大切なこと』（廣済堂出版）がある。

月5万円の壁を越える

メルカリ中国輸入転売のはじめかた

2023年10月16日　初版発行

著　者	瀬 戸 山 エ リ カ
発行者	和 田 智 明
発行所	株式会社　ぱ る 出 版

〒160-0011　東京都新宿区若葉1-9-16
03(3353)2835 ─ 代表　03(3353)2826 ─ FAX
03(3353)3679 ─ 編集
振替　東京 00100-3-131586
印刷・製本　中央精版印刷(株)

ISBN978-4-8272-1419-2　C0033